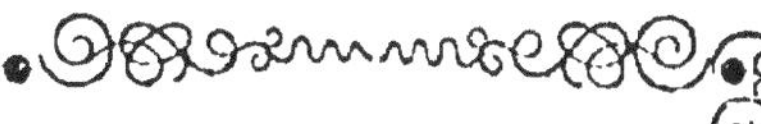

DE LA SAINTETÉ

DES

GOUVÉRNEMENTS

ET

DE LA MORALITÉ

DES

RÉVOLUTIONS

PAR EUGÈNE PAIGNON

*Civitas cum tollitur, deletur, extinguitur, simile est
quodammodo, ut magnis parva conferamus, ac si
omnis hic mundus intereat ac concidat.*

CICÉRON

PARIS

AMYOT, ÉDITEUR

6, rue de la Paix

—

1847

DE LA SAINTETÉ

DES

GOUVERNEMENTS

ET

DE LA MORALITÉ

DES

RÉVOLUTIONS

PAR EUGÈNE PAIGNON

> *Civitas cum tollitur, deletur, extinguitur, simile est quodammodo, ut magnis parva conferamus, ac si omnis hic mundus intereat ac concidat.*
>
> CICÉRON.

PARIS

AMYOT, ÉDITEUR

6, rue de la Paix

1847

DIVISION DE LA MATIÈRE

LIVRE PREMIER.

L'HUMANITÉ.

Point de départ de la loi d'évolution de l'humanité. — Première époque. — Période sociale. — Despotisme. — Age d'enfance. — Deuxième époque. — Période civique. — Républicanisme. — Age de jeunesse. — Troisième époque. — Période monarchique. — Monarchisme. — Age de maturité.

LIVRE DEUXIÈME.

L'ÉTAT.

De l'État. — Définition de l'État. — But de l'État. — Du Droit et du Devoir. — Des Droits de l'homme dans l'État. — Des Devoirs de l'homme dans l'État. — Éternité de l'État.

LIVRE TROISIÈME.

LES CONSTITUTIONS.

Les Réformes et les Révolutions. — Comparaison des Réformes et des Révolutions. — De la Constitution. — De la Souveraineté. — Des rapports entre le Souverain et le Sujet. — Le Progrès.

LIVRE QUATRIÈME.

LES GOUVERNEMENTS.

LIVRE CINQUIÈME.

LES RÉVOLUTIONS.

Angoulême, Imprimerie de LEFRAISE et Cᵉ, rue des Trois-Notre-Dame, 1.

EXPOSITION DE L'OUVRAGE

La passion de la science, voilà le don inappréciable fait par la providence de Dieu à l'humanité. C'est là une des lois les plus essentielles de notre intelligence, loi sublime qu'éveille encore le spectacle de ce monde agité par tant de faits et de phénomènes émouvants. Le calme est incompatible avec la destinée de l'homme; il répugne à sa nature physique comme à sa nature morale. Ses plans qui échouent comme ses plans qui réussissent, tout le pousse sans relâche vers l'agitation, le mouvement et le bruit.

Quelque simples que soient les lois sur lesquelles repose la nature, cependant ses forces sont susceptibles d'une si grande variété de modifications, que nous pouvons affirmer hardiment que les découvertes ne peuvent finir qu'avec le monde, et que la race humaine ne parviendra jamais à tarir les richesses de toutes sortes que la nature inépuisablement féconde renferme dans son sein.

Dans le domaine de la science, l'esprit investigateur de l'homme étend sans cesse ses conquêtes, et s'appropriant les forces dynamiques indépendantes de sa volonté, il en fait comme une extension de son organisme.

Dans le domaine de l'art, il suit la direction que lui impriment les lois morales de sa raison, il imagine un idéal qui leur soit conforme, et il s'efforce de le réaliser.

Dans ses recherches sur la science, l'homme est soutenu par cette pensée encourageante que quels que soient ses succès et son intelligence des phénomènes au sein de l'infini où il s'abîme, jamais la matière ni les excitations ne pourront lui manquer pour l'agrandissement du cercle de ses idées.

Dans ses recherches sur l'art, le sublime idéal de l'ordre moral plane au-dessus de sa pensée qui, comme la raison, conserve le caractère d'une immuable sainteté. Il ne se lasse point dans sa contemplation, il prête l'oreille aux célestes harmonies et aspire à tout créer dans sa plus haute perfection, et d'après le Modèle invisible.

Mais dans cette noble agitation, l'État est l'objet qui fixe le plus son attention et captive davantage les forces de son esprit. Il s'y attache avec d'autant plus d'énergie qu'il le considère dans ses rapports avec l'humanité, sur laquelle, d'après ses besoins et ses buts, l'État exerce une si immense et si décisive influence. Quoi de plus solennel en effet et de plus accablant pour la faiblesse de l'homme, que de décrire les liens qui unissent l'État et l'humanité, en présence de ces bouleversements politiques qui viennent si souvent confondre toutes les prévisions ! Mais aussi ces mêmes perturbations ne sont-elles pas de nature à susciter toutes les puissances de réflexion de l'homme et à lui faire tourner ses méditations vers les gouvernements et les révolutions ?

Cependant, n'y a-t-il pas imprudence et danger à agiter de pareilles questions ?

Quand le printemps s'éveille, il fait germer les plantes dont les sucs recèlent la santé comme celles dont les sucs recèlent les poisons ; sa douce haleine remplit des êtres innombrables d'une vie nouvelle, et développe en même temps les maladies qui causent la mort. Ainsi en est-il de l'esprit humain, il tue et vivifie. Et ce serait manquer à la vérité que de nier que cette tendance générale vers le libre examen des affaires politiques, ne produit pas des effets bienfaisants sur la société ; et rien ne nous paraît plus digne de protestation que ce système qui tendrait à opprimer l'indépendance de la pensée à l'égard des affaires de l'État et à rendre son expansion impossible ; système à l'usage du despotisme et hautement vanté par lui comme la sauvegarde contre l'anarchie et la révolution ; système à l'aide duquel certaines gens qui n'ont jamais senti le contact de la moindre étincelle philosophique, croient se donner un air d'importance et de supériorité ; système enfin, dont la trompeuse sagesse ne souffre pas l'analyse et soulève le sentiment de tout homme qui a conscience de sa dignité originaire. Un gouvernement a sans doute le droit et même le devoir de diriger la pensée publique, mais il ne peut lui être permis de la comprimer ; ce serait rabaisser l'humanité et s'exposer à de légitimes colères.

Inquiété dans sa propriété la plus inviolable, c'est-à-dire dans la sphère de sa pensée même loyale, le peuple maudirait bientôt ses chefs et s'arracherait à un despotisme dont il croirait avoir tout à craindre en le voyant s'attaquer aux biens les plus nobles de l'humanité. « Toute notre dignité consiste dans la pensée ; travaillons donc à bien penser, » a dit un sublime écrivain. Sous tous les rapports, c'est là une grande vérité. Elle doit être sacrée pour chacun en particulier, elle doit l'être aussi pour les gardiens des États en tant que la liberté de penser des citoyens serait subordonnée à leur volonté.

Par la direction que l'esprit de notre siècle a prise sous l'impulsion des intérêts généraux, il nous semble que nulle science ne doit offrir plus d'attrait que la science du droit politique. Déjà remplie de charmes pour la raison pure, elle excite maintenant d'autant plus l'enthousiasme des têtes pensantes, que la puissance des idées sur l'humanité et leur influence sur les destinées de la société politique, se révèlent dans l'histoire par des scènes pleines de grandeur.

La raison joue en politique le même rôle que dans les autres sciences, car elle ne fait que présenter l'action des lois éternelles de l'ordre moral. Elle ne se borne pas à constater la naissance et la diversité des formes de gouvernement dans le monde réel, en puisant aux sources fécondes de l'histoire et de la science sociale, elle détermine encore, d'après ses immuables principes, les conditions nécessaires de l'association politique et les rapports juridiques

existant entre les souverains et les peuples.
L'idéal d'un État dans l'administration duquel la liberté de chacune des parties qui y
participent, sera aussi élevée qu'elle est compatible avec l'ordre, ne peut être, en définitive, que le résultat des investigations de la
science. Qu'y a-t-il de surprenant, en effet,
qu'elle qui marche toujours dans les sublimes
sentiers de la raison législatrice, déploie des
vérités qui, brillant tout-à-coup au milieu
des faits, montrent ce qui devrait être et
fassent pâlir et éclipser ce qui est? Et que
d'esprits, n'étant pas habitués à saisir ce
côté pratique de la raison, se trouvent dans
un étrange embarras, et cherchent à y
échapper par la raillerie ou par de graves
plaintes sur les dangers de la philosophie
appliquée aux affaires politiques! Aveugles
qui nient la lumière parce qu'ils n'y voient
pas! Pourtant, si la philosophie, avec son
cortége magnifique de vérités éternelles,
pénétrait dans l'âme des hommes qui pré-
tendent avoir le droit de marcher à la tête
des gouvernements, nous verrions disparaître bien des théories que leurs créateurs
citent comme des applications décisives de
la raison, pendant qu'elles ne révèlent, en

réalité, qu'une profonde ignorance de la véritable nature de l'homme, et contredisent les résultats les plus positifs de la science.

C'est l'importance de ce problème qui nous a déterminé à publier ce travail, dont le but est de montrer toute la sainteté de l'État, le devoir imposé à chacun d'y entrer comme un devoir inséparablement lié avec le devoir d'assurer sa liberté et son indépendance, de telle sorte que la négation de ce devoir a une influence décisive sur les règles fondamentales qui régissent la société, de telle sorte encore que si ce devoir nécessaire, silencieux, héréditaire, n'est pas rempli, l'homme social n'a plus de sens, et sa nature, sa destinée, son but, tombent dans l'abîme du néant. Et après avoir établi que l'État a été formé d'après les inspirations mêmes de la raison, se présente la question de savoir quelles sont les obligations de l'homme considéré comme membre d'une association politique.

Il s'est rencontré des écrivains qui se sont complu à développer l'image idéale d'un état de nature qu'ils ont paré de toutes les

couleurs que leur prêtait leur imagination.
Rien ne leur a paru plus révoltant que la
destinée de l'homme renfermée dans les
liens étroits de la société politique. Ils l'ont
plaint amèrement d'avoir abandonné cet état
de nature, si plein de paix et de bonheur,
et ils l'ont presque invité à rompre les chaînes
sociales et à retourner avec empressement
à son état originaire. L'État leur a semblé
une institution créée avec d'immenses sacri-
fices et des dépenses énormes pour un but
qu'il atteindrait de lui-même, si la civilisation n'avait pas corrompu l'humanité ; un
ensemble monstrueux de moyens de contrainte, ne pouvant faire que des esclaves
sans dignité, en leur donnant une légalité
extérieure, source de dépravation habile, et
une hypocrisie calculée, propre à servir de
manteau au crime. Ce n'était pas assez pour
de telles âmes de prêcher l'indifférence politique, la haine les a encore enflammées et
a soulevé en elles un frémissement de colère qui les a remplies du désir de briser leurs
liens, et sur les ruines de l'ancienne société
politique, de s'avancer vers le céleste état
de nature que leur imagination avait rêvé.
Erreurs profondes contre lesquelles proteste

hautement la nature intime de l'homme !
Et si un jour un âge d'or devait reparaître,
où l'humanité pourrait se passer de l'ordre
politique, ce bonheur idéal ne pourrait être
préparé et réalisé que par l'ordre politique
lui-même !

L'humanité, au lieu d'avancer, aurait-elle
donc reculé ?

Le mouvement de l'humanité nous est souvent apparu à l'esprit sous l'image d'un
homme immortel qui marcherait fatalement
à l'accomplissement de ses destinées. Il nous
semble le voir, cet homme, portant en lui la
conscience de sa force, se lever à l'origine
des âges, et commencer sa course dans les
temps. Il part, traverse les siècles, s'arrête
à Athènes, à Rome, et à chaque station
qu'il fait sur sa route, il marque une époque
qui constitue une phase nécessaire du développement de l'esprit humain. Mais il ne
saurait pas ne pas avancer, pas plus qu'il ne
saurait passer par-dessus les temps, les en-
jamber, pour ainsi dire, afin d'aller au-delà.
C'est tout au plus si le repos lui est permis
pendant quelques heures, car il ne peut

s'installer à chaque station que provisoirement. Le voilà qui, à peine assis, se lève de nouveau, et s'efforce péniblement de gagner une station plus élevée. En raison de ce mouvement évolutif jamais interrompu, ce qui doit être sera; le triomphe de la raison sur la nature aveugle est inévitable; tout se fait par la force des choses; tout devient; le progrès naît du progrès, comme la ligne du point, puis les surfaces, puis les corps, puis tout. Où s'arrêtera cet homme infatigable qui dévore ainsi les temps et l'espace? Quand il s'étudie en détail, il ne se voit que comme un être faible et isolé, une chétive et misérable créature perdue dans l'immensité de la création, un infiniment petit dans un tout immense, sans limites; mais s'il se contemple dans son ensemble, alors un autre spectacle s'offre à ses regards. Il se sent une destinée, il y marche; il a une œuvre à accomplir, il y court.

Dans cette marche ascendante, il y a des époques de crise, de trouble pour l'humanité, ce sont les révolutions. Les révolutions ne sont autre chose que le principe de liberté

indéfinie qui se joue çà et là dans le monde
entier, aux prises avec l'inflexible nécessité. L'humanité voudrait être libre comme
l'homme; elle essaie ses forces, elle se raidit
contre la fatalité qui l'opprime, et dans cette
lutte insensée, elle a des instants de trouble
et de vertige. Mais bientôt elle reconnaît son
impuissance; épuisée par l'effort, elle re-
tombe sous sa loi et s'abandonne plus con-
fiante au souffle de Dieu[1]. Les révolutions sont
donc un mal inhérent à la nature de l'humanité.

Cependant il est une question qui nous

---

[1] On voit que, dès l'abord, nous admettons l'intervention
divine dans les affaires terrestres. Et nous pensons que c'est
à tort qu'Épicure, Hobbes et Machiavel ont attribué au *hasard* la direction du monde, et que Zénon et Spinosa ont donné
le même rôle au *destin*, lequel, dit Gibbon, est la religion
du despotisme. Platon, le prince des philosophes politiques,
a dit, avec plus de sagesse, que les choses humaines étaient
réglées par la Providence. Cicéron, le seul philosophe qu'ait
produit Rome, refusait de discuter sur les lois avec Atticus,
si celui-ci ne consentait à reconnaître, dans les affaires de ce
monde, l'intervention de Dieu; Puffendorf n'a pas tenu
compte de cette cause suprême; Selden l'a admise comme
une hypothèse, et Grotius l'omet, tandis que Bossuet, Vico,
Herder et tous les grands génies modernes la proclament.

paraît grave et digne de préoccuper les esprits, et nous avons pensé qu'elle méritait un examen approfondi. C'est celle-ci : jusqu'à quel point les sujets sont-ils obligés au devoir de fidélité et de soumission envers leurs souverains ?

Pour résoudre cette question, il faut passer de la sphère du droit à la sphère des devoirs de conscience. Ne semble-t-il pas logique de décider que, dès que l'homme trouve dans l'État des avantages sérieux, il a le devoir de respecter la constitution au sein de laquelle il vit, et de ne l'attaquer sous aucun prétexte, même sous celui de son insuffisance? Car toute révolution qui a pour but de renverser un gouvernement représentatif est illégitime en soi, car alors le peuple se fait juge dans sa propre cause. Pourquoi en effet un peuple qui a une constitution représentative se révolterait-il? Pour améliorer sa situation politique ! Mais il le peut par ses représentants. Or dès que le peuple a un moyen légal d'arriver sans désordre à obtenir la satisfaction de ses besoins, il doit s'y tenir ; toute révolution, dans ce cas, est contraire à la raison.

Cette conclusion paraîtra sans doute absurde à l'esprit exalté de ces hommes ardents pour qui l'anéantissement de ce qu'ils croient imparfait n'est jamais un triomphe trop chèrement acheté, et qui s'imaginent que les révolutions seules peuvent amener les progrès de l'humanité. Mais le penseur qui étend ses regards sur tous les rapports de l'homme, voit ce résultat sous un point de vue entièrement différent, et il sait que les révolutions violentes sont des monstres dans l'ordre politique et moral comme les phénomènes dans l'ordre physique, et que ce n'est que par le progrès des idées que la société politique peut s'avancer vers ses destinées éternelles.

Rien ne fait mieux sentir la bienfaisante influence d'une ferme constitution de l'ordre politique, que ces ébranlements terribles qui viennent changer profondément la marche ordinaire des choses. Nous qui sommes nés dans un Etat où nous pouvons en tous sens développer nos forces morales, nous remarquons à peine ou du moins d'une manière fugitive les bienfaits que nous tenons d'elle, et qu'elle répand sur nous d'une main en quelque sorte invisible.

Mais si tout-à-coup une grande révolution ébranle le système social d'un peuple; si, sous nos yeux, une nation déchire des liens que les siècles semblaient avoir rendus sacrés, détruit l'organisation qui entretenait la vie de l'association politique; si nous voyons ce peuple, comme livré au désespoir, s'entre-détruire au milieu des horreurs de l'anarchie, alors notre pensée s'éveille et plus puissante et plus vive sur la grande question de l'État, et nous ne pouvons envisager sans un sentiment d'effroi le résultat que peut avoir notre insouciance sur le but et la destination de l'humanité.

C'est au spectacle de ces catastrophes que la pensée se prend à s'interroger elle-même et à se demander si la croyance à la sainteté et à l'inviolabilité de l'État ne serait pas d'un effet salutaire. Et si, par bonheur, en groupant autour de cette croyance toutes les lumières de la raison, on arrivait à l'élever au rang d'une vérité démontrée, et à la faire passer, sous ce titre, de génération en génération, de telle sorte que l'humanité, ferme désormais sur cette large base, ne versât plus son noble sang qu'au profit d'un progrès légitime, certes ce serait là un résultat digne de toutes les sympathies des hommes de bien.

Que de questions palpitantes il nous a fallu aborder pour établir ce grand principe de la sainteté de l'État ! Mais combien en est-il que nous n'avons pu qu'effleurer dans notre course rapide ! Il en est une surtout qui nous paraît digne de l'examen le plus sérieux : nous voulons dire la question de savoir où gît la souveraineté, sur laquelle nous croyons avoir jeté une lumière nouvelle. On a, jusqu'à ce jour, parlé de la souveraineté du peuple, qui n'est qu'une chimère, puis on a eu recours à la souveraineté de la raison, qui n'est qu'une abstraction; mais nul, que nous sachions, ne s'est attaché spécialement à LA SOUVERAINETÉ DU DROIT. Pourtant, le droit est l'invocation de tous, c'est vers lui que se tournent, dans le malheur, les tremblants regards de l'opprimé et de l'esclave, car le droit est le père du devoir et de la liberté. Nous ne venons donc pas détrôner la souveraineté des peuples : elle ne règne pas; ni la souveraineté de la raison: peu la comprennent; nous venons demander, fort d'une

conviction qui est le fruit de longues et persévérantes études, que l'on substitue à une souveraineté idéale ou abstraite, qui se laisse
si souvent éblouir par la passion, une souveraineté claire et comprise par tout le monde,
qui a déjà des temples autour de nous, et
qui est unanimement vénérée dans les oracles qu'elle rend, en un mot LA SOUVERAI
NETÉ DU DROIT. Depuis que, dans un heureux instant, cette idée a brillé rapide comme
un éclair dans notre âme, nous l'avons saisie fermement, nous l'avons étudiée sous
toutes les faces, en y rapportant toutes les
lois de l'esprit humain, et nous en avons
gardé une empreinte ineffaçable. Nous en
déposons ici le germe fécond. Plus tard, si
les forces ne nous manquent, s'il nous est
donné de réaliser le rêve de toute notre vie,
qui est de pouvoir, libre de soins, nous
consacrer tout entier à la science, nous arroserons ce germe de sueurs, d'ardentes
veilles, de labeurs incessants, et si, avant de
descendre dans la tombe, il nous est donné
de le voir grandir, et devenu arbre, produire des fleurs et des fruits, alors nous croirons avoir le droit de nous rendre ce témoignage que nos jours d'ici-bas n'auront pas

été entièrement perdus, et nous serons richement récompensé des peines que cette conquête nous aura coûtées.

Dans un temps comme le nôtre où les courages s'affaissent, où les consciences s'énervent, où le droit et le devoir sont sans cesse mis en question et méconnus, où les liens sociaux se relâchent de toutes parts, il importe essentiellement de s'enquérir des principes inviolables et éternels, et après les avoir trouvés, de les présenter comme des phares de lumière aux peuples en attente, afin qu'ils ne s'égarent pas dans leurs voies. Alors le monde ne paraîtra plus dirigé par un aveugle destin, mais bien par une main providentielle. On verra qu'il existe un plan pour réaliser la perfectibilité de la race humaine. L'étincelle divine, qui a tant de peine maintenant à percer les nuages, brillera au ciel des individus et des peuples; sa clarté fera sa force, et rien ne pourra désormais lui enlever la victoire.

PROLÉGOMÈNES

Une loi d'évolution, loi irrésistible parce qu'elle est PROVIDENTIELLE, préside au développement de l'humanité.

Que Carthage eût vaincu Rome; qu'Alexandre eût légué à un héritier de son sang le vaste empire conquis par son génie; que la Grèce eût succombé, aux champs de Marathon, sous les armées du fastueux Darius, ou aux parages de Salamine sous les flottes de l'imbécille Xercès ; que la voluptueuse Asie eût éteint dans son sein stupide les arts, les sciences, les mœurs : l'humanité n'en aurait pas moins accompli les destinées que Dieu lui a marquées dans le livre éternel des temps.

Que les constitutions politiques d'un peuple changent ou périssent ; que les tables de sa loi soient foulées aux pieds ; que toutes les puissances du monde déchaînent contre lui la désolation, la mort et tous les fléaux de la guerre ; qu'après avoir fleuri et éclairé la terre, sa civilisation succombe : tout cela importe peu à la marche générale de l'humanité.

Sans doute, il y a des perturbations accidentelles à cette loi, mais aucune n'en infirme la valeur.

Si une comète vient à se placer dans le voisinage d'une planète, elle occasionne en elle des vacillations, mais elle ne peut la faire dévier de sa course éternelle : ainsi en est-il des perturbations politiques. Une volonté puissante, l'influence d'un grand homme peuvent bien produire des aberrations passagères, mais non arrêter le développement de l'humanité.

Avec le renversement de la Grèce, se perdirent l'art et la science; avec le renversement de Rome, se perdirent le droit positif et l'éloquence, et le monde sembla précipité à jamais dans la barbarie et la nuit. Cela n'était-il point un violent pas rétrograde pour l'humanité? — Nullement; c'était seulement une pause pour le côté spéculatif de l'esprit humain, car pendant ce temps-là, le sentiment religieux, plus fécond et plus beau, se formait.

Pour que la morale chrétienne jetât ses racines, il lui fallait des cœurs simples et ouverts plutôt que des têtes corrompues par les subtilités des écoles païennes. La plante divine, pour se fortifier de bonne heure, veut être greffée sur une tige vierge et pour ainsi dire sauvage, et avant que l'intelligence spéculative ait exercé sur elle ses expériences aventureuses.

Dans l'organisme humain, aucun organe n'est égal à l'autre. A chacun est confiée une fonction au moyen de laquelle il concourt au but général, mais qui cependant possède une action qui lui est propre. A-t-elle atteint le plus haut degré de son énergie, alors elle commence à diminuer, à se flétrir, à s'éteindre. Il en est de même dans la vie générale des peuples. Chaque peuple a sa propre tâche à résoudre, qui est double : c'est un fragment par rapport au tout, et cependant c'est un tout par rapport à la tâche. Un peuple a-t-il rempli sa mission dans le plan providentiel, alors il disparaît et meurt. Le peuple grec, après avoir porté l'art, la science et la vie démocratique aussi loin que cela était possible au degré d'évolution d'alors, commença à vieillir, et devenu inutile, il s'effaça de la scène du monde. Il transmit à un autre peuple la continuation de son rôle épuisé. Le profit qu'un seul apporte à l'ensemble n'est jamais perdu, et intellectuellement parlant, une génération vit tout entière dans la génération qui lui succède, et celle-ci ajoute au développement élémentaire qui lui est inhérent l'assimilation d'une substance extérieure qui sert de coefficient à l'ex-

posant originaire. Par le mélange des peuples qu'amenèrent les Croisades se créa un
foyer, qui d'abord, formé de rares étincelles,
se développa ensuite en une vaste lumière.

L'Esprit infini que, dans notre langue de
poussière, nous appelons Dieu, donna à sa
créature une aspiration éternelle qui tend,
en quelque sorte, à l'absorber dans une com-
munion mystérieuse, à l'identifier avec son
modèle, à s'en approcher sans cesse, par
conséquent, à faire des progrès sans bornes.
La philosophie appelle ce caractère fondamental de l'humanité comme espèce, la faculté de perfectionnement de la race humaine. Cette faculté qui repose dans chaque
individu, repose aussi dans la collection des
individus qui composent l'humanité. Elle est
fondée sur l'origine divine de notre être, et
dès lors ineffaçable, indestructible. Elle co-
existe avec la liberté de volonté dans l'union
la plus intime, parce que la liberté ne peut
que deux choses : ou avancer vers le bien,
qui est notre destination ; ou reculer vers
le mal, qui est contraire à notre destination ; car dans le monde moral, il n'y a pas
un troisième terme qui ne serait ni mou-

vement progressif, ni mouvement rétrograde.

Mais ce qui vaut pour l'humanité, comme
loi immuable de l'ordre moral du monde,
doit aussi valoir pour les peuples de la terre
qui se sont formés en société et pour les
États dans lesquels vivent ces peuples. Ils sont
destinés à faire des progrès incessants dans
la culture, et d'après le témoignage de
l'histoire, ils nous apparaissent tendre tous
invinciblement à cette forme de gouvernement qui réalise cette UNITÉ puissante, indi-
visible, personnifiée dans un chef, qui a
surgi tout d'un coup à la voix du peuple, laquelle est véritablement alors la voix de
Dieu ; unité pleine de force et de vie, de
grandeur et de liberté, qui seule est apte à
réprimer et contenir les tempêtes qui viennent menacer la société politique[1].

Au sein de chaque peuple, existent les
germes de son développement. Si les conqué-

---

[1] *Et ea conditio est imperandi, ut non aliter ratio cons-
tet, quam si uni reddatur. — Plus gratiæ apud* UNUM,
quam apud multos. — TACITE.

rants ou les législateurs agissent contrairement au caractère d'un peuple, l'esprit du
temps se révolte infailliblement contre eux.
Un peuple à qui la liberté a été une fois an-
noncée, et qui a senti les bienfaits d'une
constitution, ne peut plus supporter les chaînes de l'esclavage politique ; il s'élève et
monte comme la vague, et brise sa digue
avec fureur.

A chaque époque, l'histoire nous montre
un peuple dominant qui résume à lui seul
toute l'énergie, pendant que les autres peuples restent plus ou moins à l'état de passiveté. Ainsi que dans le corps humain, il y
a la tête qui représente l'activité, l'estomac
qui représente la passiveté, lesquels sont
mis en équilibre par l'organisme mitoyen
de la poitrine ; ainsi en est-il dans le système d'agglomération des peuples. On voit
un peuple actif devenir, à son jour, à son
heure, un peuple passif, et réciproquement. L'Asie, qui fut pendant si longtemps le théâtre des forces énergiques, a
maintenant épuisé son rôle, et est rentrée
à l'état de passiveté, pendant que l'Europe développe la plus haute énergie et se

soumet les autres parties du monde. La civilisation ne meurt pas; seulement, elle se déplace et garde les forces qu'elle tient des siècles.

De même que dans la vie individuelle, il y a l'enfance, la jeunesse, la maturité, la vieillesse; de même aussi, nous trouvons les mêmes périodes dans la vie totale de l'humanité. Et de même que l'individu, pendant ses divers degrés d'âge, déploie ses facultés et ses forces d'après une loi générale d'évolution; de même aussi nous trouvons le même caractère dans la vie des peuples. La seule différence, c'est que, pour l'individu, ce sont des années; pour les peuples, ce sont des siècles; pour l'humanité, c'est le temps.

LIVRE PREMIER

L'HUMANITÉ

CHAPITRE PREMIER.

POINT DE DÉPART DE LA LOI D'ÉVOLUTION.

Une véritable philosophie de l'histoire,
terrain, hélas! vierge et inexploré, nous
apprendrait à connaître la loi d'évolution de
l'humanité. Mais quelle qu'elle soit, elle ne
contredit en aucune façon ce principe que
l'humanité a commencé, car si l'humanité

était éternelle, le progrès impliquerait contradiction et ne serait plus qu'un mot vide de sens.

La Bible en effet nous parle du premier couple humain ; elle nous entretient de ses relations avec un être supérieur, et de l'instruction que ses créatures reçurent de sa bouche même, et aussi de la séduction et de la tentation venue du dehors, du péché qui les souilla, et les jeta dans cette humanité misérable dont ils furent la source.

Dès ce moment, la science, l'art, la culture intellectuelle et morale qui devaient se trouver si fécondes et si sublimes dans l'homme, primitivement instruit de Dieu, lui furent ravis. Il conserva seulement le double bienfait de l'intelligence et de la liberté, et fut soumis à une loi naturelle d'évolution, laquelle n'empêche pas que la méthode propre à son développement ne soit entièrement abandonnée à son libre arbitre.

CHAPITRE DEUXIÈME.

PREMIÈRE ÉPOQUE. — DESPOTISME.

Le premier temps d'évolution de l'humanité est la période NOMADE dans laquelle l'homme comme l'enfant est entièrement voué à l'innocente vie des sens. L'histoire marque confusément cette période dans l'existence du pâtre et du chasseur, dans l'isolement des familles et des races qui changeaient sans cesse de séjour et vivaient selon les caprices de la nature.

Là, l'idée du droit n'existe même pas. Des mœurs simples et sévères tiennent lieu de lois et de droits. Le père de famille et le plus ancien de la race ont le privilége de donner des conseils, des règles, partagent les troupeaux, divisent les pâturages. Ce qui prévaut, c'est le droit du plus prudent et quelquefois du plus fort. Aussi la plus grande inégalité règne. La liberté, la sûreté sont sans cesse compromises. D'une part, il n'y a qu'un maître, de l'autre, des esclaves.

Mais c'est là un état si passager de l'humanité que, politiquement, il n'a pas de nom dans l'histoire.

Cependant un progrès se réalise : les races isolées sont unies en peuples par l'ascendant d'un chef que Dieu a suscité parmi elles[1], et bientôt elles présentent des royau-

____

[1] Après avoir confessé notre foi à l'intervention de la Providence dans la marche des sociétés, il était rationnel d'ad-

mes avec des souverains civilisés. C'est la
période sociale.

L'histoire nous montre, à cette période, des
États formés avec des systèmes de sujétion
très sévères : l'Assyrie, la Médie, la Baby-
lonie, la Perse, l'Egypte, l'Inde. Alors naît
le despotisme naturel dans lequel la puissance seule gouverne. Il est naturel, parce
que l'évolution de l'humanité y a conduit nécessairement ; et par cela même qu'il revêt ce

mettre l'existence des HOMMES PROVIDENTIELS. Un jour, peut-
être, — car ce sujet nous sourit, — nous décrirons l'influence historique de ces hommes, marqués d'un sceau divin,
depuis Moïse, l'homme providentiel par excellence, jusqu'au monarque dont la haute sagesse a reçu d'en-haut pour
mission, de présider, pendant un quart de siècle, espérons-
le du moins, aux destinées de notre belle et heureuse patrie ; monarque au courage sublime, qui, voyant la balle
régicide expirer, humiliée et vaincue, aux pieds de la pieuse
compagne de ses dangers et de sa gloire, dit avec calme et
avec la poésie du cœur : « Voilà mon ange gardien ; je ne
crains rien tant qu'elle vivra ; car ses vertus me protégent. »
Oui, prince magnanime, vous aviez raison ; Dieu ne saurait
regarder d'un œil indifférent un peuple qui est le soldat de la
civilisation, et, s'il le faut, il envoie ici-bas ses anges, glorieux
mais éprouvés, pour servir d'instruments à l'exécution de ses
desseins sur le monde.

caractère, il n'a pas la rigueur que nous attachons habituellement à son idée. Les hommes ne portent aucune plainte contre lui, car ils ne sont pas encore mûris par un état plus élevé et plus cultivé. Qui ne connaît pas le meilleur ne peut s'apercevoir de son absence !

On pourrait appeler cet État gouvernement paternel. Le peuple en effet y est traité comme un enfant, et de même qu'il y a des pères tendres et des pères durs, de même il peut se rencontrer des souverains bons et des souverains méchants. Les hommes ne sentent pas la différence entre une constitution pour laquelle ils ne sont pas encore mûrs, et la sujétion absolue, mais seulement entre un bon et un mauvais despote.

Dans cet État, il continue à y avoir encore négation de tous les droits. Le despote ne conclut aucun contrat avec son peuple ; il ne lui accorde aucun droit d'élection et de suffrage. De constitutions dans lesquelles la personnalité de l'homme sera créée et reconnue, il ne peut en être encore nullement question. Les peuples comme les enfants doivent être conduits à l'ordre, à l'obéissance, à la sociabilité, avant que l'on puisse leur confier le bienfait de la liberté civile et politique.

CHAPITRE TROISIÈME.

Dans la première époque, nous trouvons la plus grande distance d'abord entre le maître et l'esclave, puis entre le despote et le sujet. C'est l'arbitraire de l'un et l'obéissance absolue de l'autre. Mais ces deux extrêmes s'éloignant de plus en plus, arrive le temps où la liberté revendique son droit, leur fait contre-poids, les adoucit parce qu'elle les limite. La liberté enfante le CITOYEN. Où celui-ci se constitue, disparaît peu à peu l'arbitraire, et l'humanité entre dans une loi nouvelle d'évolution.

Nous pouvons appeler cette deuxième époque la période CIVIQUE, qui correspond à l'âge de jeunesse de l'humanité.

Quand l'âme s'éveille dans l'individu, elle épanouit ses plus belles fleurs et produit ses fruits les plus savoureux, au souffle de l'amour, de l'amitié, de l'enthousiasme. Généralisée dans la vie politique d'un peuple, elle développe en lui l'amour de la patrie et le sentiment civique, et de leur union naissent la valeur, l'héroïsme, la vertu.

L'histoire nous montre dans cette période la formation des républiques. De la liberté de l'homme sort l'égalité, et de l'amour de la patrie, la sûreté. La propriété, le contrat, l'élection sont les premiers rejetons du républicanisme. L'homme y brille dans sa plus haute splendeur, et le droit y fonde son premier empire.

Sous ce rapport, le républicanisme est l'œuvre de l'évolution naturelle de l'humanité, aussitôt qu'elle est arrivée à l'âge de jeunesse et qu'elle peut pénétrer les rapports fondamentaux de l'âme. Les républiques doivent apparaître dans le cours de l'histoire, mais jamais elles ne peuvent être générales.

Comme le jeune homme dont l'âme se soulève d'une agitation profonde, s'élance à pleines voiles vers la liberté, brise les obstacles qui s'opposent à son but, et plein du sentiment de sa force, ose tout aborder, ne recule pas devant les entreprises les plus hardies, et cependant nourrit et cultive en lui tous les nobles sentiments, se représentant la vie sous la forme d'un idéal sublime, ainsi nous apparaissent le Grec et le Romain, jeunes hommes de l'âge du monde.

Les exploits grecs et la domination romaine furent les glorieux résultats de cette force naturelle. Mais ce phénomène se montre une

fois seulement dans l'histoire, et ne peut
plus se reproduire. Quand la jeunesse tombe,
avec elle disparaît cette marche gigantes-
que qui veut se frayer une route vers la domination universelle, car la vie politique ne
peut pas longtemps rester dans cet état de
surexcitation ; elle manifeste une tendance
prononcée vers cet équilibre de forces, vers
cette unité haute et libre qui est le fruit
d'une époque qui va venir.

CHAPITRE QUATRIÈME.

PHILOSOPHIE DE L'HISTOIRE.

Ainsi a marché l'humanité. D'abord, un maître et des esclaves, ensuite un despote et des sujets, puis un chef ou plusieurs chefs et des citoyens.

Dans les États despotiques, nul amour de

la patrie n'est possible, et par conséquent nul sentiment civique. Et si nous les y voyons paraître quelquefois dans quelques grandes circonstances, ils tiennent d'ordinaire à d'autres mobiles, comme, par exemple, le désir de l'honneur et la passion de la gloire.

Dans les États républicains au contraire, apparaît la plus complète indépendance du peuple, laquelle se reflète dans l'âme et y fait briller l'amour de la patrie et le sentiment civique. Pour la vie politique extérieure et la force active, il n'y a pas de point plus culminant et d'expansion plus vive que là[1].

Cette évolution de l'humanité remplit bien dans l'histoire environ six siècles.

Mais ici naissent ces importantes questions :

---

[1] « S'il y avait un peuple de Dieux, dit Rousseau, il se gouvernerait démocratiquement. » A ces magnifiques paroles, ne peut-on pas faire une réponse péremptoire : C'est que s'il y avait un peuple de Dieux, un pareil peuple n'aurait pas besoin de gouvernement !

L'homme arrivé à ce point de développement accomplit-il toutes les conditions que nous pouvons exiger en général de sa destination ?

La mesure de son droit politique y est-elle la plus élevée ?

En un mot, le républicanisme est-il la forme de constitution qui satisfait le mieux à tous les droits ?

De même que l'âge de jeunesse ne remplit que quelques années dans la vie d'un homme et se hâte vers une autre destination, de même la véritable vie des républiques se limite pendant un certain temps dans l'évolution de l'humanité. Est-elle une fois passée, le républicanisme disparaît pour toujours, et toutes les tentatives postérieures pour lui redonner la vie, ne sont que de pâles réminiscences, et n'ont plus aucune stabilité.

CHAPITRE CINQUIÈME.

Une fois que la vie politique s'est développée chez un peuple, il faut qu'elle y produise ses fruits. L'état juridique ne peut plus s'y perdre. L'homme qui a une fois vu clair dans ses droits ne peut plus souffrir qu'on le fasse rentrer dans un état arbitraire. Il peut, il est vrai, être momentanément troublé dans la jouissance de son droit par la violence, mais il ne se reposera pas jusqu'à ce qu'il ait éloigné les causes de ce trouble.

Ce dont nous devons incontestablement savoir gré aux Grecs et aux Romains, c'est d'avoir introduit dans les constitutions, comme source de vie, le sentiment patriotique. Car une fois que ce mouvement est imprimé dans l'histoire du monde, il ne peut plus s'arrêter, et du petit coin d'où il part, il s'étend bientôt complètement sur tous les peuples où se trouve encore un despotisme à anéantir. La propagande est une loi éternelle, nécessaire, irrésistible, une loi de Dieu.

On peut affirmer qu'actuellement, nulle part, sur la terre, si ce n'est chez quelques peuplades nomades, il n'y a un État complètement privé de droit, quoique les constitutions fondées sur un contrat soient encore rares [1]. Partout il existe des lois détermi-

[1] Pour qu'il y ait contrat, il faut un consentement de part et d'autre ; mais ce ne sont point les suffrages pris un à un

nées qui imposent un frein à l'arbitraire, et des droits statutaires reconnus qui répriment la violence. Un despotisme naturel n'est plus possible, mais seulement un despotisme factice qui est encore plus pernicieux dans ses effets.

qui constituent cette sorte d'unanimité que l'on entend par le consentement des peuples : elle repose silencieuse et inattaquable dans cette unité morale qui forme une nation, et dont le prince est destiné à être le représentant. C'est donc cette unité morale qui consent. Le prince accepte, voilà le contrat. Pour se rendre compte de l'origine de sa puissance, il n'a qu'à dire ceci : *Impero, ergo impero*, comme Descartes disait : *Cogito, ergo sum*. Nous aurons occasion de revenir sur ce principe.

CHAPITRE SIXIÈME.

Enfin arrive dans l'évolution générale de l'humanité, la troisième époque que l'on peut appeler la période MONARCHIQUE, et dans laquelle la règle républicaine est changée en un droit positif. C'est la période dans laquelle s'agite en ce moment l'humanité.

De même que, de l'âge de jeunesse, on passe à l'âge mûr, et que le rapport naturel de l'individu s'élève à la dignité de rapport moral, ainsi le républicanisme doit, dans la vie d'un peuple, s'élever à l'unité de la constitution monarchique, où les plus hautes tendances de l'humanité peuvent trouver une satisfaction véritable et complète.

Cette époque correspond à l'établissement du christianisme, et il n'est pas sans signification de remarquer que le Christ parut à un moment où le républicanisme s'était corrompu sous la domination romaine. Avec la tendance morale de l'humanité, devait se développer le droit positif. La vie civique est anoblie par la vie morale, et prend un caractère plus grave, plus élevé. Sans doute, il y a, il doit y avoir lutte; le sentiment civique, sous les noms d'égalité et de liberté, se révolte. Souvent même, l'humanité, représentée par un grand peuple, semble rétrograder. Un despotisme, produit de l'art, naît au sein de l'anarchie, et écrase le peuple de ses horribles excès. C'est la condition de l'humanité que tous ses progrès doivent être cimentés par son sang. Mais enfin la civilisation triomphe ; la troisième époque est parcourue, et elle assure un État conforme au droit entre le souverain et le peuple. La voix du peuple a retenti hautement, et aucune puissance au monde ne pourra désormais la débouter de ses justes prétentions à une constitution. C'est le MOYEN TERME qui a absorbé les deux extrêmes, et de là dérive une unité du tout dans la monarchie, qui dépasse de beaucoup le républicanisme.

Une domination universelle n'était possible que dans la période de jeunesse de l'humanité, alors que la force la plus complète de l'individu cherchait son expansion. Dans la période morale qu'amena la doctrine chrétienne, aucune tentative ne peut aller jusque là. Tous les États se tournent plutôt vers l'équilibre ; et si, ce qui ne peut manquer, de grandes catastrophes arrivent encore, leur conséquence finale ne pourra détruire l'équilibre ; et à la place d'une monarchie universelle, se formera une grande confédération des États au profit des peuples. Dans cet équilibre, se trouvera la sau-

vegarde contre le despotisme, dont la destruction complète fut, a été et sera le travail
calme, mais rapide du christianisme.

CHAPITRE SEPTIÈME.

RÉSUMÉ.

Nous trouvons encore de notre temps
d'ardents champions des républiques, atti-
rés vraisemblablement par la popularité et
les principes de liberté et d'égalité qui semblent inhérents au droit naturel dont cette
forme de gouvernement se rapproche le

plus. Comme si, de nos jours encore, de telles constitutions étaient possibles ! Mais ils ne réfléchissent pas qu'alors même qu'il serait vrai que la liberté et l'égalité sont plus développées là qu'ailleurs, elles ne constituent pas toute la destination du citoyen, lequel aspire principalement, et par sa nature même, à l'unité, et que c'est par la monarchie seule que cette unité vivante et active de l'État peut être fondée. Ils ne réfléchissent pas que, dès que l'humanité, dans son évolution, a été amenée dans la mesure moyenne de ses rapports fondamentaux, le système républicain est un véritable pas rétrograde.

L'état naturel ne peut proprement avoir de valeur que comme mesure pour déterminer ce que l'homme exige pour la satisfaction de ses droits originaires. Mais dès que le droit positif, éclairé par le christianisme, nous accorde quelque chose de supérieur et de plus noble, alors les titres que nous pourrions tenir du droit naturel, n'ont plus aucune signification. Nous pouvons nous reposer tranquillement sur l'état moral pour nous assurer l'état juridique, car nos rap-

ports moraux sont aussi vrais, aussi impé-
rieux que nos rapports juridiques, et nous
sommes longtemps dominés, dans nos exigences juridiques, par l'évolution de notre
caractère moral [1].

L'essai que la France a fait du système
républicain a été assez malheureux et sub-
siste comme un avertissement pour tous les
peuples d'une culture avancée. Les républiques ne peuvent exister qu'à ces époques
où l'humanité est en transition de la vie naturelle et sociale à la vie civique, et qu'il
est question de l'émancipation du sentiment
patriotique. Là se produisent les vertus républicaines sans les vices qui les ruinent.
L'humanité, personnifiée dans un peuple, se
saisit pour la première fois dans sa valeur,
et vit comme dans la fleur de la jeunesse.
Mais pour les États dans lesquels les monar-

---

[1] « Quels que soient les évènements extérieurs, c'est
l'homme lui-même qui fait le monde ; c'est en raison des
idées, des sentiments, des dispositions morales et intellectuelles de l'homme, que le monde se règle et marche ; c'est
de l'état intérieur de l'homme que dépend l'état visible de
la société. » — M. Guizot.

chies ont déjà eu une longue durée, aller au
républicanisme, ce n'est pas avancer, c'est
bien plutôt rétrograder. Sans doute, ce violent retour vers l'état naturel développe largement les principes de liberté et d'égalité,
les fait déborder pour ainsi dire ; mais
l'homme ne vit pas avec cela seul, et toutes les autres vertus sont absorbées et dis-
paraissent. Il y a une grande différence entre le peuple qui va du despotisme au républicanisme et connaît pour la première fois
la vie politique, et le peuple qui sort de la
monarchie modérée pour tomber dans le républicanisme. Dans le premier cas, il ne risque politiquement rien et n'a que des vertus
à acquérir ; dans le second cas, toutes les
vertus acquises peuvent se perdre et les vices seulement rester.

La force juridique dont l'expansion est
propre à l'état naturel et s'exprime par la
liberté et l'égalité, se fortifie à la vérité d'une
singulière façon. Un farouche enthousiasme
en naît ; mais les véritables mobiles moraux
et le sens religieux sont paralysés. Or, que
ce contre-poids vienne à manquer, et les passions et les vices qui forment dans les États

monarchiques de beaucoup plus forts contrastes que dans les États démocratiques, prennent l'empire et travaillent d'eux-mêmes à la destruction de ces mêmes principes de liberté et d'égalité.

Ainsi, aller du monarchisme au républicanisme, cela est, dans l'évolution des peuples, un mouvement rétrograde qui fait perdre le bénéfice d'un état plus élevé, et en apporte les vices sans en apporter les vertus. De l'enfant au jeune homme, voilà le développement naturel; mais aller de l'homme au jeune homme, c'est reculer, c'est vouloir faire retomber la loi et le droit, le principe moral et le principe religieux sous la fougue des tempéraments et des penchants aveugles. L'examen et la considération du véritable bien de l'État n'est pas l'affaire du jeune homme, sa nature même y résiste; et bien qu'il soit incontestable qu'un enthousiasme plein d'énergie sorte d'une pareille évolution, cet enthousiasme, considéré au point de vue politique, est rétrograde et souvent factieux.

La signification juridique de liberté et d'égalité dans le sens où elle régna un jour en Grèce et à Rome, est perdue. La liberté absolue serait de nos jours le caprice du peuple, et l'égalité serait le désir du bien d'autrui. L'une ouvrirait la route aux démagogues et conduirait au terrorisme, l'autre à un système général de pillage : le peuple voudrait devenir l'égal du riche par la spoliation.

Où mènerait un tel système? Le sentiment populaire déborderait comme un torrent dont on a brisé les digues, et son expansion produirait l'esprit de conquête. Cette tempête anéantirait toute opposition, et la pensée de la domination universelle dont la réalisation est le rêve éternel du républicanisme, ne manquerait pas de se réveiller. Aussi, quand un mouvement vers la république vient à éclater chez un peuple qui se trouve dans la période morale dont la tendance est la monarchie, c'est là une vaine entreprise. Ce qui, chez les Romains, put durer sept cents ans, grâce à quelques circonstances particulières de leur époque, et surtout au degré d'évolution d'alors de l'humanité, ne peut, là où le génie du siècle a une direction complètement opposée, être qu'un phénomène passager dans l'histoire, un météore de l'horizon politique. Peu d'années suffisent pour anéantir cette tendance et faire rentrer le fleuve dans son lit.

Un peuple conquérant, avec ses beaux principes d'égalité et de liberté, finit toujours par devenir la proie du despotisme, parce que là où l'évolution naturelle ne favorise pas l'œuvre entreprise, toujours les deux extrêmes se touchent. Mais ce despotisme factice est beaucoup plus à craindre que le despotisme naturel. Dans la première époque, le rapport entre le maître et l'esclave est naturel ; il sort de l'évolution même de l'humanité. Il ne paraît pas opprimer parce qu'un meilleur état juridique est inconnu. Comme un enfant que l'on force à l'obéissance, tantôt par la douceur et la bienveillance, tantôt par la crainte et la menace, de même un peuple-enfant doit être amené à l'obéissance et à l'ordre par un despotisme tantôt sévère, tantôt doux. Il n'y a dans tout cela aucun désaccord.

Mais il en est autrement du despotisme

qui est un produit de l'art. Si l'humanité comme collection d'hommes a une fois compris clairement ses droits; si, arrivée à un degré développé de culture dans l'art et la science, elle est surtout mûrie au point de former un peuple majeur et indépendant, le despotisme alors ne sera qu'artificiel et se traduira en un système qui mettra en danger de mort l'ordre politique et moral ; mais il ne parviendra pas à le détruire : tous ses essais ne seront que des perturbations passagères.

La majorité ne peut être enlevée aux peuples. Pourquoi en effet n'auraient-ils pas, chacun à son tour, le droit de participer par leurs délégués au maniement des affaires politiques ? C'est en cela que consiste le véritable caractère de la période qui marque l'avènement de la monarchie représentative et l'âge viril de l'histoire du monde.

CHAPITRE HUITIÈME.

CONCLUSION.

Ainsi, l'humanité a trois époques bien distinctes qu'elle traverse successivement.

La période SOCIALE qui se réalise au moment où l'humanité représentée par la majorité des peuples, abandonne l'état nomade pour se former en corps sous un chef reconnu;

La période ᴄɪᴠɪǫᴜᴇ qui se réalise au moment où le sentiment patriotique apparaît et vient établir son empire;

La période ᴍᴏɴᴀʀᴄʜɪǫᴜᴇ qui se réalise au moment où le gouvernement se fonde sous l'égide d'une constitution représentative.

La première est l'époque du despotisme: ʟ'ᴇɴꜰᴀɴᴄᴇ.

La seconde est l'époque du républicanisme: ʟᴀ ᴊᴇᴜɴᴇssᴇ.

La troisième est l'époque du monarchisme: ʟᴀ ᴍᴀᴛᴜʀɪᴛᴇ.

LIVRE DEUXIÈME

L'ÉTAT

CHAPITRE PREMIER.

DE LA NATIONALITÉ.

De même que l'humanité peut être comparée à un homme immortel, marchant fatalement à l'accomplissement de ses destinées, de même un peuple peut être comparé à un individu doué d'une volonté forte, puissante, irrésistible. Les peuples ne sont-ils pas en effet les grandes individualités de l'humanité? Chaque peuple ne réunit-il pas en soi, comme l'individu, un ensemble de facultés sensibles et spirituelles, de tendances et de forces? Chaque peuple ne développe-t-il pas comme l'individu ses facultés spirituelles et sensibles, ses tendances et ses forces, sous l'influence variée des rapports intérieurs et extérieurs? Chaque peuple ne conserve-t-il pas, comme l'individu, par le développement et la culture qui lui est complètement propre, un caractère indépendant, personnel, qui le distingue des autres peuples, et que l'on désigne sous le nom de nationalité?

Mais les rapports intérieurs et extérieurs agissent très diversement sur la culture des individus comme des peuples. Car, non seulement, dans chaque être, l'union individuelle des facultés sensibles et spirituelles a une action insaisissable et merveilleuse qui se perd dans les mystères de la création humaine, mais encore il faut reconnaître l'influence de la position géographique, de la douceur ou de la dureté du climat, de la stérilité ou de la fécondité de la terre, de l'origine et de la race, de la diversité des langues, des constitutions politiques, de l'état civil, de la vie domestique et publique, des habitudes, des mœurs, toutes choses si puissantes sur la culture des individus et des peuples.

Et puis, il y a diverses espèces de culture.

La culture sensible se rapporte immédiatement à l'entretien et à la conservation de la vie physique, et s'exerce dans le domaine de l'agriculture et de l'industrie.

La culture spirituelle, considérée comme l'effet du libre développement des facultés de l'intelligence, s'annonce par la raison appliquée à la construction et à la formation des sciences.

La culture artistique, comme suite du développement de l'imagination productive, manifeste particulièrement son activité dans le domaine des beaux-arts.

La culture religieuse et morale, se produit

dans la pureté des mœurs et la sainteté qui en est inséparable, dans la dignité et la force du sentiment religieux, fondé sur la croyance à une vie future.

La culture civique enfin, qui est l'effet, la conséquence, le couronnement de toutes les autres, se montre dans une vive participation à toutes les affaires de la vie sociale, et non dans l'explosion de la passion et le penchant à s'élever contre l'ordre établi, mais au contraire dans ce haut degré de culture individuelle, qui élève le citoyen et fonde l'amour éclairé de la patrie.

Ainsi, par l'ensemble de toutes ces sortes de culture, se produit ce que l'on appelle nationalité, ou caractère national, parce que, chez chaque peuple, il existe, comme nous l'avons dit, certaines conditions de culture, dérivant du sol, du climat, de la race, des destinées. De telle sorte, que l'émancipation politique d'un peuple, son espèce et ses degrés sont les conséquences nécessaires de sa culture. Car cette idée de l'émancipation politique renferme le développement de la situation sensible et spirituelle d'un peuple.

Où ces conditions manquent, où l'agriculture, l'industrie, le commerce sont encore si peu développés, qu'ils n'ont pu fonder le bien-être des classes inférieures et moyennes ; où le développement de la raison n'a pas éveillé les facultés intellectuelles ; où le sommeil de l'esprit, l'ignorance et la superstition règnent encore ; où la douce lumière des sciences et des arts n'a pas encore brillé ; où, enfin, par l'élévation et l'anoblissement des besoins de la vie sensible et spirituelle, l'aspiration vers l'établissement d'une constitution politique, fondant l'ordre, la sûreté, la liberté, une juste répartition des charges publiques ne s'est pas encore fait sentir : là, n'existe et ne peut exister aucune émancipation politique d'un peuple.

CHAPITRE DEUXIÈME.

IDÉES SUR L'ÉTAT.

Mais les peuples qui vivent dans l'État comme citoyens, n'ont pas seulement pour but le développement de leurs facultés sensibles et raisonnables, mais encore le but général et la destination finale de l'humanité; le but de l'État ne doit pas être opposé, par consé-

quent, au but de l'humanité, mais bien plutôt,
il doit, en établissant l'équilibre entre les
droits et les devoirs de tous, faciliter et
amener la réalisation du but de l'humanité.
Et ceci arrive alors que le but de l'humanité, dans son rapport avec le mobile intérieur et moral, peut être réalisé par des
actions extérieures libres.

Le but de l'État fonde, soutient et conserve l'équilibre du cercle d'action extérieure de tous les citoyens de l'État. Il n'est
donc pas un et le même avec le but de l'humanité. Cela dépend, en partie, de ce que
l'homme existe avant le citoyen, et qu'il
n'entrerait pas dans l'État s'il pouvait, seul
et à son gré, atteindre le but général de
l'humanité, en partie de ce que eu égard à
l'activité extérieure des êtres raisonnables
et sensibles, pour approcher de ce but, il
n'y a aucune institution plus décisive que
l'État. En tant toutefois que le but de l'État
sera placé, non dans la simple assurance
des droits privés, ou dans l'obtention et la
perfection du bien individuel, mais bien
dans la domination absolue du droit et dans
l'équilibre de la liberté extérieure de tous

les citoyens. Dans ce sens seulement, on peut parler de l'éducation de la race humaine par l'État, mais non comme si elle était la tâche immédiate de l'État.

On conçoit sans peine, en effet, que si l'on faisait consister la destination de l'humanité pendant sa vie terrestre, uniquement dans la culture de ses facultés physiques, intellectuelles et morales, il suivrait de là que les États qui n'emploiraient pas les moyens les plus actifs pour mener l'homme à l'accomplissement de cette destinée, manqueraient essentiellement à leur mission.

Sans doute, c'est par la culture de ses facultés physiques, intellectuelles et morales que la race humaine est mise en état de tirer profit d'elle-même, et de s'élever jusqu'au perfectionnement, dont le signe extérieur est la civilisation ; mais la civilisation ne s'induit pas chez un peuple de ce qu'il est parvenu à un haut degré de culture, mais bien de ce que, dans son attitude extérieure et sa manière d'être, il reconnaît et observe le plus exactement ces deux choses : les mœurs et les lois ; l'éducation est le moyen et non le but.

Les États sont, sans doute, des institutions créées pour la culture de la race humaine ; mais ce serait une erreur de croire que l'État est un tuteur souverain de l'humanité dans toutes ses affaires, et qu'il a pour tâche de la rendre heureuse, et de lui procurer, tout à la fois, la santé du corps, de l'esprit et de l'âme, car il nous semble que ce serait d'une part grandement exagérer les devoirs de l'État, et de l'autre, poser des limites bien étroites à ses droits. Une des obligations de l'État, c'est de faire prédominer la vie selon les lois libres de l'esprit, sur la vie animale, sur la vie selon les lois fatales de la nature, et cela, au moyen du combat que l'homme intérieur livre à l'homme extérieur avec l'arme de l'intelligence.

Quel mystérieux travail ! La voix de la conscience, la voix qui parle silencieusement, mais puissamment dans l'homme, veut se changer en une voix extérieure qui parle pour l'homme, et devenir assez forte, non seulement pour se faire entendre, mais encore pour étouffer d'autres voix qui parlent aussi dans l'homme. Cette voix est la parole de la loi, de l'État, signe extérieur des voix intérieures. Et c'est l'œuvre de cette loi de couvrir tous les citoyens d'une égale protection, de faire dépendre plus ou moins le bien de chacun du bien de tous, et réciproquement, et d'exciter dans le cœur de chaque citoyen, le besoin de l'estime de ses semblables. Et si l'État ne peut pas toujours se promettre de commander aux sentiments de l'homme, il peut du moins, à l'aide de cette discipline extérieure dans laquelle il le tient, donner aux emportements de la rudesse un but, un frein, une mesure, et ouvrir ainsi, au sein même de la tempête, à la voix de la raison et aux inspirations de la conscience, un asile et un abri. Il peut diriger même la guerre vers un but social; nous disons diriger, parce que si son devoir est de l'étouffer, souvent aussi la guerre est nécessaire aux progrès de la civilisation, du moins à une certaine période de la vie des peuples.

Mais l'éducation morale de l'humanité ne peut pas être le but exclusif de l'État. En effet, admettre cette fin, ce serait logiquement en admettre les moyens. Or, il ne peut pas y avoir de moyen de contrainte en vue d'un perfectionnement moral. L'exercice de

la raison implique contradiction avec une
violence extérieure. La conviction ne peut
être raisonnable qu'à la condition d'être
libre, et elle ne reconnaît pas d'autorité qui
puisse, sans son assentiment, séparer la vérité de l'erreur. L'intervention de la violence ne détruirait pas seulement la moralité de l'action, mais elle l'exclurait complètement. L'État n'a donc point pour devoir
d'obliger les hommes à la sagesse et à la
vertu, il doit seulement faire en sorte que
chaque citoyen puisse sans obstacle s'élever
individuellement, et autant que possible, à
la sagesse et à la vertu.

CHAPITRE TROISIÈME.

DÉFINITION DE L'ÉTAT.

Etant posé ce principe que l'humanité a une destinée à remplir, il suit de là que dans son sein doivent germer toutes les institutions qui semblent le plus propres à la conduire à cette destinée. D'où l'État que l'on peut définir d'après ce qui précède : Une

SOCIÉTÉ FONDÉE ENTRE DES ÊTRES LIBRES D'APRÈS LES RÈGLES DU DROIT[1].

L'homme, comme être moral, est destiné à une liberté extérieure, et porte en lui-même la conscience de sa destination. Le même sentiment par lequel le Droit se révèle à sa liberté, à sa raison pratique, le porte à la conviction de son indépendance, car, quand la loi lui prescrit des devoirs, elle reconnaît qu'il a la faculté de les remplir ou de les transgresser ; autrement la législation n'aurait aucun sens. C'est donc rendre hommage à la liberté et à la dignité de l'homme que de lui imposer des lois. Ainsi,

[1] Nous ne prétendons pas que cette définition de l'État soit bien complète, et il nous semble fort difficile d'en donner une qui réponde à toutes les exigences et comprenne, d'après la logique, tout le défini et rien que le défini. On peut dire : L'État est l'union de tout un peuple sous une loi commune ; — l'État est l'union des familles ; — l'État est une société d'hommes libres ; — l'État est une société constituée d'après les lois de la raison ; — l'État est une réunion d'hommes fondée d'après les lois du droit. — Aussi, nous sommes-nous moins occupé de définir l'État que de chercher son but, sa fin. L'État, selon nous, n'a pas d'existence absolue, ce n'est qu'un moyen pour que l'humanité et les peuples puissent accomplir leur destination.

chaque pas que je fais dans ma carrière morale m'appartient, chaque fait par lequel je
concours à former ou à détruire l'harmonie
des êtres est à moi, et la responsabilité qu'il
entraîne doit nécessairement tomber sur ma
tête. Qu'un Dieu soit la base et le couronnement de cet ordre moral, comme me l'annonce ma raison, alors il est vrai de dire que
ce Dieu seul peut vouloir des esclaves, et
que vis-à-vis de tout le reste de la nature,
je suis libre, et que j'ai le droit de briser les
chaînes dont on voudrait enchaîner ma liberté.

Mais quand l'homme entre dans l'État, il
abdique une partie de sa liberté naturelle,
car il fonde au-dessus de lui une souveraineté à laquelle répond comme l'effet à la
cause : la subordination, qui n'est que l'expression du rapport entre l'obéissance et le
commandement; et sans laquelle la souveraineté serait une chimère. Mais, à ce moment
aussi est comblé l'abîme qui sépare l'état
de nature de l'État social. Alors, les hommes ne se tiennent plus dans l'isolement et
armés les uns contre les autres. Le combat
continue, il est vrai; mais les parties belli-

gérantes ont changé leurs sujets de discorde.
Sans doute le souverain exige l'obéissance ;
mais l'idée du droit corrélatif du devoir ano-
blit l'obéissance tout en la commandant.

L'idée de la souveraineté est si immense,
qu'un peuple a besoin d'avoir fait certains
progrès dans la culture, avant que cette
idée se dégage et puisse exercer une influence sur son état juridique. Si, de bonne
heure et dans l'enfance de la société, les
hommes murmurent d'être obligés de faire
le sacrifice d'une partie de la liberté qu'ils
tiennent de la nature, dans l'intérêt de leur
sûreté réciproque, à plus forte raison, une
puissance qui exige d'eux ce sacrifice comme
un devoir, doit-elle leur paraître intoléra-
ble et tyrannique. Ainsi s'explique ce phénomène qui se répète souvent dans l'histoire
des peuples non civilisés, et qui nous fait
voir un membre de l'État, dans quelques
cas, se révolter contre le chef avoué et reconnu. Là apparaît encore l'individu en face
de l'individu, non le souverain en face du
sujet. Le trait du vase de Soissons, refusé à
Clovis par un soldat jaloux de son droit,

et la terrible vengeance qui le suivit, en
sont un mémorable exemple.

Sans doute, en tant qu'il limite la liberté
naturelle, l'État est un mal, car l'homme
entre avec peine dans les liens d'une subordination quelconque, et même après qu'il a
appris à obéir, l'aspiration vers un État où
il ne serait obligé de suivre d'autres lois que
celle de sa propre volonté, s'élève en lui et
parle par toutes ses actions. Il est des peuples, même en Europe, qui n'ont pas encore
pu renoncer au droit de vengeance person-
nelle. Et l'on a vu des hommes à qui l'on
avait fait connaître toutes les douceurs de la
vie civilisée, y renoncer tout-à-coup, et
retourner avec joie à leurs forêts et à leurs
déserts. Cette même aspiration ne se révèle-
t-elle pas encore dans ces fictions qui parent
l'État de nature de tous les charmes de
l'imagination, et dans ces croyances populaires qui admettent un pays inconnu, dans
lequel cet état de nature a sa réalité. Cependant, si l'État, par cela seul qu'il pose certaines limites à la liberté, peut être considéré
comme un mal, néanmoins, il est certain qu'il
ne fait pas autre chose que ce que fait le droit

lui-même, qui pose le devoir et se limite par lui. Le reproche qu'on lui adresse s'appliquerait donc également au droit.

Ainsi, l'on ne peut pas faire un grief à l'État de ce qu'il n'est pas en réalité ce qu'il est en idée, parce que l'état de société politique n'est qu'un état de nature amélioré. Quelque grands, d'ailleurs, que puissent être les maux auxquels l'homme est exposé dans l'État, ce reproche ne regarde pas l'État, mais bien en partie l'homme même, et en partie ses rapports avec le monde extérieur. Si l'on veut porter un jugement sain sur l'État, il ne faut pas le comparer avec l'idéal d'une souveraineté absolument juste, mais au contraire avec une réalité historique, avec l'état de nature, avec l'état d'anarchie.

CHAPITRE QUATRIÈME.

DÉTERMINATION DU BUT L'ÉTAT.

Ainsi, l'État n'a point pour but immédiat la culture de la race humaine ; il n'a pas pour but non plus la culture de la liberté : loin de là, il la limite. Quel est donc le but de l'État ?

Une des plus grandes et des plus fécondes

idées auxquelles l'esprit humain puisse s'é-
lever est l'idée de la société humaine, l'idée
d'une union libre de tous les peuples de la
terre dans une activité commune pour le
bien général de l'humanité. La réalisation
de cette idée serait la magnifique consécra-
tion de cette maxime sublime : HOMO SUM,
HUMANI NIHIL A ME ALIENUM PUTO. Mais nous
sommes encore loin de la réalisation de cette
idée. Il y aura toujours une race d'hommes
qui n'aspirera jamais au commerce avec ses
semblables, d'autres qui, par calcul, se dé-
tourneront d'eux. Cependant la nature, comme
pour préparer la conclusion d'une pareille
union, semble avoir pris ses mesures en ré-
pandant dans des pays divers ses productions
et ses trésors, afin qu'ils fussent portés à
échanger les différentes richesses de leurs
climats, de telle sorte, par conséquent, qu'ils
soient forcés de travailler les uns pour les
autres, et que, de l'égoïste effort d'un seul, le
bien commun dérive nécessairement, comme
de l'attraction le système du monde.

Mais il faut reconnaître qu'il y a plus d'i-
magination que de réalité dans cette espérance, et tout porte à penser qu'un aussi no-

ble rêve n'est autre chose que l'âge d'or entrevu par la poésie à travers les voiles de l'avenir. C'est l'image idéale d'un état sublime où l'humanité n'aurait plus besoin de lois pour se gouverner, parce qu'elle aurait achevé son évolution. Il faut donc chercher d'après d'autres principes le but et la fin de l'État.

Le but de l'État me semble devoir être celui-ci : RÉALISER LA DOMINATION ABSOLUE DU DROIT AU MOYEN D'UNE CONTRAINTE LÉGALE.

L'idéal de la domination du droit, tel qu'il est développé dans le droit naturel, demeure le même dans l'État politique. Seulement la réalisation de ce but ordonné par la raison, a besoin d'une contrainte, en ce que l'État se compose d'un mélange d'individus moralement émancipés ou non émancipés.

Le cercle d'action de la puissance politique doit embrasser le domaine de la liberté humaine, interne ou externe; c'est la science des droits et des devoirs de l'homme en général, ou la sanction de la loi de droit. Car la prétention que le droit et la justice règnent dans l'État, ne se limite pas à cela seulement qu'une situation juridique soit fondée et assurée, mais elle va encore jusqu'à vouloir que chacun obtienne, naturellement et sans efforts, ce qui est de droit.

CHAPITRE CINQUIÈME.

DU DROIT ET DU DEVOIR.

L'État, avons-nous dit, a pour fin de réaliser sur la terre la domination du droit. Il faut donc définir le droit.

Le droit, considéré dans sa racine comme dans sa dernière raison, ne peut être cherché ni dans le monde sensible, ni dans la sphère de l'expérience et de l'histoire. Le droit en soi est éternel, il est indépendant des mœurs, des religions et des climats. C'est à cette indépendance qu'il doit d'étendre son sceptre sur toute la terre, sans distinction d'époques et de races. Ainsi s'explique la puissance souveraine du droit.

La légitimité du droit se fonde sur trois faits immédiats : l'EXISTENCE, l'INDIVIDUALITÉ, la LIBERTÉ.

Ces trois faits sont puisés dans ce sentiment de la dignité humaine qu'on appelle conscience, c'est-à-dire ce qu'il y a de plus sacré dans l'être. C'est là qu'est établie la pure et véritable source du droit.

De sorte que pour découvrir le droit, il s'agit de se faire cette question : que trouvons-nous pour le fondement du rapport juridique dans la raison pure et au fond de l'esprit humain ?

L'idéal que l'homme doit s'efforcer de réaliser, c'est l'idéal pur, qui se divise, d'après

la nature des choses, en idéal interne et
idéal externe, ou en d'autres termes, en moralité et en légalité.

L'idéal interne propose le bien moral
comme mobile des actions humaines ; l'idéal
externe se contente d'exiger que les actions
humaines soient conformes à la loi.

D'où l'on voit surgir une nouvelle subdi-
vision de l'idéal : idéal du devoir, idéal du
droit. L'un, l'idéal du devoir, renferme
l'obligation de mesurer ses actions à la loi
morale dont les commandements ne sont
pas toujours appuyés d'une sanction extérieure ; l'autre, l'idéal du droit, renferme
l'obligation de mesurer ses actions à la loi
promulguée, fille du droit, à peine de punition.

De là découlent ces conséquences importantes :

Que le droit, comme le devoir, dérive de la
conscience, et dès lors, que tout ce qui blesse
la conscience n'est ni droit, ni devoir ;

Que la liberté, comme source de l'action, est le fondement du droit et du devoir, c'est-à-dire de la moralité ;

Que le droit se distingue du devoir par la loi extérieure, tandis que le devoir ne peut se reconnaître que par sa comparaison avec la loi morale ;

Que le cercle des devoirs est plus large que celui des droits ;

Que le cercle des droits est aussi grand que celui des rapports qui peuvent lier entre eux les êtres libres ;

Que, malgré l'intime parenté des droits et des devoirs, il y a entre eux des différences profondes.

De l'examen de ces conséquences élevées bientôt à la dignité de principes et mises en pratique dans l'État, sortirait ce que l'on appelle la PHILOSOPHIE DU DROIT POLITIQUE, qui peut se formuler ainsi :

Établir un parfait équilibre entre la liberté

extérieure de chaque membre de l'État et celle de tous les êtres réunis en société ;

Diriger ses facultés et ses forces de manière à ne contrarier ni violer les droits des autres membres de l'État ;

En d'autres termes, fonder la science qui apprend aux êtres raisonnables et libres, dans leurs rapports réciproques, comment on peut faire prédominer sur la terre la souveraineté du droit.

CHAPITRE SIXIÈME.

DES DROITS DE L'HOMME DANS L'ÉTAT.

L'homme a un but en soi parce qu'il est un être moral, raisonnable et libre ; d'où il suit qu'on ne doit jamais le regarder comme un instrument. C'est le droit primitif et imprescriptible de l'humanité d'être son but à elle-même, pendant que toute la nature extérieure lui sert de moyen , s'abaisse et gémit sous elle en esclave. Ce droit primitif se base sur ce caractère ineffaçable de la nature humaine que nous appelons personnalité, et qui, pour la durée de la vie terrestre, se fonde sur l'union inséparable de l'esprit et du corps. Les droits originaires qui dérivent de la personnalité et qui sont susceptibles de divisions infinies, peuvent se résumer en trois mots qui sont trois grandes choses : LIBERTÉ , ÉGALITÉ , SURETÉ.

Il importe de définir ces droits :

Le droit à la liberté consiste dans une indépendance limitée seulement par le devoir à l'égard des autres êtres de notre espèce. Il est fondé sur cette faculté nécessaire et inaliénable qu'a l'homme de se servir de toutes ses forces physiques, de toutes ses facultés intellectuelles et morales dans un but conforme à ce que l'idéal de la moralité réclame de chaque être libre.

Le droit à l'égalité, basé sur la loi morale, et sa valeur pour tous les êtres raisonnables, suppose l'égalité originaire de tous les êtres comme attribut fondamental. Cette égalité naturelle se fonde sur ce que tous les hommes ont reçu de Dieu des facultés physiques et spirituelles identiques, constituant en eux la même personnalité.

Le droit à la sûreté naît aussitôt qu'un certain nombre d'hommes ont pris possession d'une partie de la terre et se sont formés en société. La sûreté regarde en partie les personnes mêmes, leur vie, leur liberté, l'inviolabilité de leur corps; en partie les choses qui leur appartiennent, qu'elles soient mobilières ou immobilières.

Etant donnés ces droits, c'est à l'État de les faire entrer dans leur sphère d'action, et pour cela, de les régler, car s'il les abandonnait à leur propre essor, ils s'anéantiraient infailliblement l'un l'autre.

En effet, la liberté est une force qui n'admet pas la limitation, et qui, dans son expansion, irait jusqu'à l'infini, si l'on ne venait lui opposer une frontière. Il n'y a pas un MOI sans un VOUS, et réciproquement; le tien suppose le mien et le fonde. La communauté des êtres raisonnables est une condition néces-

saire du développement et des rapports fondamentaux, d'où dérive le droit. Je rencontre sur ma route des personnalités égales à la mienne, chez des êtres qui me sont
égaux ; il y a achoppement, et je m'arrête.
Alors la sphère totale de ma liberté perd l'a-
vantage de l'illimité, car tous ceux qui ont
les mêmes droits que moi peuvent exiger
que la sphère de la liberté soit divisée en autant de parties égales qu'il y a de parties pre-
nantes ayant des droits égaux.

Supposons un nombre déterminé d'individus aux époques héroïques, et imaginons-
nous qu'ils aient pris possession d'une île que
personne n'avait occupée jusques là, comme
cela a dû arriver dans les premiers âges du
monde. L'île sera la sphère où devront se mouvoir la liberté, l'égalité, la sûreté. L'un de
ces hommes aura-t-il le droit de s'emparer
à lui seul de l'île et de s'en rendre le maître
absolu ? Non évidemment, car ceux qui l'ont
accompagné dans sa découverte, qui ont
couru les mêmes périls, ont un droit égal au
sien et peuvent en exiger le partage.

Or, comment s'opérera ce partage ? Par

l'égalité, la sphère de la liberté sera nécessairement limitée et divisée. Nul ne peut se permettre des incursions dans la sphère d'autrui ; et les titres naturels qui dérivent de ses rapports fondamentaux ne doivent pas être portés au point de détruire les droits de ses semblables. Donc, la sphère de la liberté doit être divisée en autant de parties qu'il y a de personnalités ayant un titre égal. Et la portion qui a été attribuée à chacun, dont il a pris possession et dans laquelle son activité se déploie, est sa propriété ; il en dispose à son gré, et elle est inviolable d'après le droit.

Mais l'homme est un être égoïste, assailli de désirs et de passions, dévoré de l'ambition de l'honneur, de la gloire, du pouvoir, de la fortune ; il dépasserait facilement les limites qui lui sont prescrites, et il mettrait à chaque instant en péril la sphère de l'égalité. De là vient la nécessité de recourir à un troisième principe, au principe de la sûreté.

Supposez en effet que la sphère de la liberté soit divisée en portions égales entre un nombre déterminé de personnes, et que

chacun reconnaisse parfaitement, à la suite
de cet acte de division, le mien et le tien;
il ne suit pas de là cependant que la portion
qui nous appartient soit à l'abri de toute attaque émanant soit d'un étranger, soit d'un
autre membre de l'État qui voudrait augmenter sa portion en y joignant la nôtre.
Dès lors, si le principe de la sûreté n'existait
pas, l'homme serait, à chaque instant, incer-
tain sur sa propriété, et pourrait craindre
aussi, à chaque instant, de se la voir ravir.

Dans tous les cas, c'est l'État qui intervient et assure à l'homme l'exercice de ses
droits. La limite qu'il a posée à la liberté,
à l'égalité, il la pose aussi à la propriété, les
assure ainsi l'une par l'autre et fonde la souveraineté du droit. Il y a quelque chose de
grand dans ce point de vue. Une seule et
même pensée enchaîne tout le monde au
devoir et au bien, et force le méchant lui-
même à reconnaître des limites infranchis-
sables.

CHAPITRE SEPTIÈME.

DES DEVOIRS DE L'HOMME DANS L'ÉTAT.

L'homme ne peut se reconnaître un droit, une destination sans être immédiatement obligé de les reconnaître aux autres hommes. Ce sont là deux choses inséparables. De là découle nécessairement la conscience du devoir qui le lie envers les êtres de même

nature que lui, devoir auquel il ne pourrait
se soustraire sans le renversement complet
de l'ordre moral. Et cette conscience du devoir dans son rapport avec la liberté extérieure de nos semblables, a une portée immense. On pourrait l'exprimer par ces paroles d'un grand philosophe [1] : « Nul être raisonnable ne peut être considéré comme un
moyen pour satisfaire le but d'un autre. »
Chaque homme est et doit être le maître de
sa volonté ; dans la sphère de son action, il
ne lui est pas permis de heurter son semblable. S'il sait qu'il est obligé de respecter la
volonté d'autrui, il sait aussi que chacun a
la même obligation envers lui.

De cette identité de la conscience, de cette
réciprocité du droit, naît le devoir, et celui
qui le viole perd son titre à l'inviolabilité
vis-à-vis de celui qu'il a offensé.

L'État intervient pour fonder cette réciprocité du droit et du devoir, car l'homme
voyant sa liberté extérieure menacée, ne
trouve pas de plus sûr moyen pour se proté-

[1] KANT.

ger lui-même, qu'une union avec ses semblables, union dans laquelle tous se proposent d'établir l'équilibre du droit et du devoir, à l'aide de leurs forces communes. Et comme ce but est saint et légitime, il suit de là qu'obliger les hommes à entrer dans l'État, à se soumettre à la loi de la société, n'est pas une simple faculté, mais un devoir qui implique des moyens de contrainte. L'individu doit s'effacer devant l'humanité, car il n'y a pas de droit ni de liberté contre le droit.

Donc, aussitôt qu'une personne est entrée dans l'État, elle accepte des devoirs auxquels elle subordonne ses droits. Ainsi :

Elle doit se dépouiller de tous les droits dont l'exercice propre et indépendant empêcherait la société d'atteindre son but ;

Elle doit accepter tous les devoirs qui sont nécessaires à l'État pour l'accomplissement de ce but, car il n'y aurait pas d'État, à proprement parler, là où il n'y aurait pas de contrainte pour forcer à concourir au dernier but de l'État.

CHAPITRE HUITIÈME.

ÉTERNITÉ DE L'ÉTAT.

Considéré à ce point de vue, l'État est éternel, car il repose sur la même base que le droit et dérive des profondeurs de la conscience. Comment en effet l'État pourrait-il périr puisqu'il est fondé pour instituer et assurer sur la terre la domination du droit ?

Ne faudrait-il donc pas d'abord que le droit disparût lui-même de ce monde ? L'histoire nous montre de grandes catastrophes, des nations et des races qui vont s'engloutir dans l'abîme du temps ; la terre nous présente de tous côtés les traces des révolutions physiques qui l'ont ravagée : de même la situation actuelle de la race humaine, ne semble-t-elle pas témoigner des grands ébranlements politiques qui ont si profondément remué, à diverses reprises, la destinée des nations ? Nous foulons partout des ruines, des couches funèbres sous nos pieds. Mais l'État a-t-il jamais péri ? Son image vivante et sacrée n'a-t-elle pas toujours échappé à la destruction ? Lorsque Troie livrée aux flammes n'allait plus devenir qu'un monceau de cendres, Énée s'enfuyait tristement, emportant dans l'exil les images vénérées de ses ancêtres, et allait les déposer sur la terre féconde où devait naître Rome, la future héritière du monde.

LIVRE TROISIÈME

—

LES CONSTITUTIONS

CHAPITRE PREMIER.

LES RÉFORMES ET LES RÉVOLUTIONS.

De tout ce qui a été dit jusqu'ici, il nous
semble qu'il ressort clairement que l'État, en
tant qu'il est seulement État, c'est-à-dire institution capable de réaliser le but de l'humanité, qui est de faire régner sur la terre
la souveraineté du droit, doit être regardé

comme inviolable, vérité importante et qui va projeter une grande clarté sur nos recherches ultérieures. En effet, toute constitution politique qui n'est pas apte à réaliser le but immédiat de l'État, est mauvaise, contraire à la raison, et pire même que l'absence complète de constitution.

Mais ici une question se présente.

Qui a le droit de décider de l'impuissance où est une constitution d'atteindre le but de l'État? Sera-ce le souverain, celui qui réalise et qui personnifie l'idée de la puissance politique, ou seront-ce le membres de l'État? Tous auront-ils le droit de suffrage à cet égard, ou seulement quelques-uns, ou bien encore le plus grand nombre? Là est renfermé l'important problème de la moralité des révolutions.

Dans l'âme de l'homme vit quelque chose qui ne se laisse jamais anéantir, qui partout et toujours exige ses droits et marche avec l'esprit du temps. On ne peut ni le retarder, ni le précipiter. Car là où ce quelque chose a été longtemps contenu, enchaîné, un mo-

ment arrive où l'explosion se fait, et le torrent débordé, après avoir brisé ses digues,
cherche, impatient du retard, à regagner le
point qui répond à son degré de puissance.
C'est ce que l'on appelle le PRINCIPE PROGRES-
SIF. Si un peuple veut aller trop loin, les forces lui manquent au milieu de sa course, et
l'œuvre qui eût été si digne d'éloges si elle
avait su se renfermer dans de sages limites,
n'aura ni force, ni durée. Il faut revenir au
point de départ pour avoir voulu dépasser
le but.

Ceux qui se représentent l'État comme
une œuvre de l'ordre physique ou un mécanisme dans lequel un cercle toujours le même
est parcouru, semblable à celui que décri-
vent les planètes dans leur orbite uniforme,
ceux-là se trompent grossièrement. Dans
tout peuple, à quelque degré de l'échelle sociale qu'il soit placé, il y a un élément libre.
Et c'est précisément ce qui fait la préémi-
nance de l'ordre intellectuel de ne jamais rester immobile, ni de décrire la même route,
mais au contraire de porter en soi une pro-
gression qui va jusques à l'infini. Si donc un
État veut rester en arrière de l'esprit de son

siècle et s'endormir dans la croyance que c'est un pur mécanisme qui gouverne les peuples, s'il ne remarque pas qu'autour de lui les choses marchent, il doit nécessairement se réveiller un jour en sursaut et s'apercevoir de son erreur avec effroi.

Le talent des hommes d'État consiste précisément à marcher avec le développement de ce germe intérieurement vivant, et à prendre l'initiative des améliorations politiques et sociales qui sont conformes aux besoins de la nation dont ils dirigent les destinées. Il est en effet des progrès que la seule toute-puissance du temps amène, et qui doivent s'opérer même contre la volonté de l'homme [1].

D'où il suit qu'il faut distinguer en politique deux choses entièrement séparées dans

---

[1] Il importe seulement de ne pas se laisser égarer par de fausses lueurs qui peuvent faire illusion. Il est sans doute très facile de faire une théorie, de dire comment un État doit se constituer et de critiquer ses défauts ; mais quand il s'agit de le construire d'après cet idéal, le plus souvent la force manque, et le sentiment de la difficulté accable.

la langue comme dans les faits : LES RÉFOR-
MES et LES RÉVOLUTIONS.

Il y a deux manières pour un État de changer de constitution : ou le changement arrive par un contrat entre le souverain et ses
sujets ou leurs représentants, de telle sorte
qu'il y ait consentement des deux côtés,
c'est là une réforme; ou bien, de l'un ou de
l'autre côté, on emploie la violence ou la
force, c'est alors une révolution.

CHAPITRE DEUXIÈME.

CONTINUATION DU MÊME SUJET.

Le progrès de la vie politique des peuples
se fonde d'abord sur leur degré de civilisation et sur les institutions constitutionnelles,
gouvernementales et administratives de l'É-
tat. De telle sorte que pour que le progrès
puisse s'accomplir chez un peuple, il faut

que les formes de son organisation politique permettent d'apporter à la constitution tous les changements que nécessitent les temps et la raison.

On doit entendre sous le nom de réformes, les modifications, les perfectionnements qui ont leur dernier fondement dans le progrès d'un peuple, d'après toutes les conditions essentielles de sa culture. Ces réformes sont NÉCESSAIRES, lorsque les imperfections dans la constitution, le gouvernement et l'administration, paraissent si certaines, que l'opinion publique les déclare en formelle contradiction avec les besoins spirituels d'un peuple ; elles sont ARBITRAIRES, lorsque ni un besoin reconnu ni le sentiment général ne les réclament.

Mais les réformes ne doivent pas partir du peuple comme multitude, mais bien de la puissance législative et exécutive de l'État, qui est l'image de la souveraineté. D'où il suit d'une part, que toutes les réformes venues d'en bas sont sans force et sans durée ; d'autre part, que dans les gouvernements autocratiques, où la puissance législative et exécutive est réunie dans la personne du chef de l'État, elles doivent venir de lui seul [1], et qu'enfin, dans les États où le souverain et les mandataires du peuple se partagent la puissance législative et exécutive, l'un et l'autre doivent être consultés. Et bien que l'on ne puisse pas fixer le moment où les réformes sont devenues nécessaires pour un État, car ce moment dépend de l'expérience, cependant l'on peut présenter à cet égard quelques règles générales.

Les réformes deviennent des besoins aussitôt que, par le cours des évènements ou par

[1] Le grand reproche fait à la Charte de Louis XVIII, fut d'avoir été OCTROYÉE ; il n'y a que l'esprit de parti toujours aveugle qui puisse aller jusque-là. Mais c'est là précisément ce qui faisait son mérite ; c'était un roi qui limitait sa puissance ; c'était un roi absolu qui immolait lui-même son absolutisme et qui, par un dernier acte arbitraire et de bon plaisir, appelait son peuple à une vie nouvelle. Et grâces éternelles lui en soient rendues ! Sans cet acte de volonté suprême, nous n'aurions certes pas obtenu la Charte de cette assemblée rétrograde, que les électeurs, moins libéraux que le roi, nommèrent, et qui, si on l'eût laissée faire, nous aurait ravi le bénéfice de la plus belle de nos institutions.

les changements de rapports, certaines formes ont tellement vieilli, qu'elles sont tombées en désuétude ou en partie ou en totalité, ou que leur conservation devient, dans le sentiment général, un objet d'oppression, de telle sorte que l'opinion publique se déclare pour leur abrogation.

Le pouvoir doit reconnaître dans des moments aussi décisifs le besoin des réformes. Elles sont NATURELLES, car elles procèdent comme la nature qui, à la place d'un tronc mort et desséché, met un rejeton jeune et vigoureux; GRADUELLES, puisque, par des transitions insensibles, on passe de l'ancien au nouveau, de ce qui a vécu à ce qui veut et doit vivre; et SANS ÉBRANLEMENTS INTÉRIEURS, puisque on ne retranche que ce qui ne tient plus aux racines de la nation, et que l'on conserve ce qui est utile et mérite de durer encore.

Une réforme est à une révolution ce qu'est la décision d'un procès par un accommodement, à la décision d'un procès par la justice.

CHAPITRE TROISIÈME.

COMPARAISON DES RÉFORMES ET DES RÉVOLUTIONS.

D'après ce que nous venons de dire, il n'est pas possible de confondre les réformes et les révolutions. Les réformes viennent de la puissante initiative de l'État et ont pour but le progrès, le rajeunissement et l'affermissement de la vie intérieure et extérieure d'un peuple. Par les révolutions au contraire, la puissance légitime de l'État est ou ébranlée ou violemment renversée. Les réformes substituent une chose nouvelle et nécessairement meilleure à ce qui a vieilli ; elles ont donc un fondement historique et logique ; les révolutions font d'ordinaire table rase et effacent les bases sur lesquelles avait reposé jusque là toute la vie politique. Les réformes ont une action bienfaisante sur les progrès de la culture des peuples, parce qu'elles sont méditées et exécutées avec prudence. Dans la tempête des révolutions, le plus souvent tout fait naufrage ; les parties utiles ou inutiles de l'État tombent dans l'abîme, parce que la plupart des révolutions ébranlent l'ensemble des rapports sociaux.

Les auteurs d'une constitution nouvelle ont rarement manqué de proscrire les changements que l'on voulait y apporter, ou bien ils y ont mis des conditions qui équivalaient à une défense. Ainsi Lycurgue, ayant conçu la pensée de quitter Sparte pour toujours, fait jurer aux Lacédémoniens de ne rien changer à la constitution qu'il leur avait donnée, jusqu'à ce qu'il soit de retour

parmi eux. De nos jours, toutes les constitutions, tous les traités des peuples ne stipulent-ils pas, à leur profit, l'immutabilité,
la perpétuité, si ce n'est à toujours, du moins
pendant un certain temps. Étrange aveuglement ! Comme si l'on pouvait lier ainsi l'avenir de l'humanité ! Comme si l'on pouvait
soumettre le progrès aux édits de la puissance publique ! Le changement d'une constitution n'est-il pas quelquefois justifié et légitimé par le temps ? Et les révolutions d'idées n'amènent-elles pas forcément les révolutions de choses ?

Les réformes sont le meilleur moyen de
prévenir les révolutions, et elles doivent
avoir pour résultat de concilier la plus grande
somme de liberté individuelle avec le développement le plus complet de liberté politique. Car qu'est-ce qui remue incessamment
le monde ? C'est le principe de liberté. Au
moyen de la liberté intérieure, l'homme est
un membre de l'ordre moral ; au moyen de
la liberté extérieure, l'homme devient un
membre de l'ordre social. L'intérieur veut
devenir extérieur et apparaître à travers les
formes du réel et du sensible ; le temps et

l'espace doivent se subordonner à ses lois. Il faut que l'idéal pur de la vertu et de la liberté s'efforce de se réaliser, que le mobile qui est en nous passe dans l'action et s'y transfigure. L'être qui en soi ne se laisse voir que sous des voiles mystérieux, veut paraître et prendre une forme qui en laisse tout au moins voir les reflets. De même que le rayon de lumière brisé par le prisme se décompose en différentes couleurs, ainsi se disperse l'idée en soi pure et claire au milieu des phénomènes de la vie.

Dans le monde intérieur, l'idée de la vertu qui se fonde sur l'acte le plus libre de l'âme, prend une forme et enfante la moralité. Transportée dans la vie sociale de l'homme, cette idée donne naissance à la légalité. Ainsi, concilier ces deux idées, ces deux forces, c'est la tâche de l'État; il ne le peut que par des réformes sages, modérées, et en rapport avec l'évolution générale de l'humanité.

L'État appartient à l'ordre intellectuel, sur lequel aucune loi aveugle ne peut régner. Il est égal à l'organisme spirituel de l'homme dans lequel la pensée, le sentiment et la volonté agissent harmoniquement avec les facultés dominées par la prépondérance du principe libre.

Partout et jusque dans l'État, sont deux principes contraires qui se combattent sans relâche. Aussi longtemps que l'obstacle est dans l'équilibre, il ne peut rien y avoir de parfait, et la vie de l'État est comme enchaînée. Le progrès consistera à élever de plus en plus l'esprit, de manière à ce que la matière disparaisse dans la masse informe. Les anneaux inférieurs de la chaîne doivent être entièrement détruits. Celui qui, il y a des siècles, était esclave, est devenu serf, et le voilà maintenant qui s'est élevé ou s'élèvera à la dignité de citoyen libre. Tout cela s'est fait par l'évolution naturelle de l'humanité. Le principe de lumière a chassé devant lui le principe de ténèbres. L'idée a passé dans les faits, a revêtu un corps.

Ainsi marche la politique. Elle parvient, par des essais nombreux, à trouver la meilleure forme de constitution. Ce qui était un principe de prudence, devient bientôt un principe de légalité. Progrès immense! car le plus injuste système peut quelquefois se concilier avec la prudence, mais jamais avec le droit. A mesure que l'homme s'élève, il s'éclaire; les réformes s'opèrent, que la politique le veuille ou non. Vienne le temps des constitutions, la politique chercherait en vain à les étouffer; les constitutions, en effet, ne sont autre chose que l'expression de l'homme élevé à un degré de lumière supérieure.

CHAPITRE QUATRIÈME.

LA CONSTITUTION.

De même que nous distinguons dans l'organisation de la plante, les racines, le tronc et
les feuilles ; dans l'organisation de l'homme,
les membres, le cœur et la tête ; dans l'organisation des corps célestes, le soleil, les
étoiles et leurs satellites ; de même dans l'or-

ganisation de l'État, nous distinguons trois parties essentielles : la constitution, le gouvernement et l'administration. Ce qu'est la racine à l'arbre. Ce qu'est le soleil au système céleste, ce qu'est la tête au corps humain, la constitution l'est à l'État. C'est d'elle que dérive toute la force d'un peuple ; c'est le fruit mûr de toute sa vie ; c'est le résultat de son passé et de son histoire, car chaque peuple a un passé dont il tire son présent, une histoire dans laquelle sont renfermés en germe tous les principes, tous les éléments de sa constitution. Une constitution n'est en fait que le couronnement de la civilisation d'un peuple [1].

[1] La constitution dans une monarchie, c'est le roi et la loi fondamentale ; le gouvernement, c'est le roi et ses ministres ; l'administration, c'est le roi et les agents de son pouvoir.

[2] Louis XVIII était, avec juste raison, fier de sa Charte ; il disait, la veille de sa promulgation : « Voici mon vrai titre de gloire ; j'ai compris les vrais besoins de l'époque. Ceci n'est pas une constitution improvisée, mais le résultat de mes études consciencieuses sur toutes les constitutions données à la France depuis 1789. J'ai beaucoup admiré autrefois la constitution anglaise, mais il n'est aucun de ses éléments qui ne soit dans ma Charte. Je ne saurais régner, ajoutait-il, comme Louis XIV et Louis XV, chez une nation qui

Ainsi, il existe trois termes dans l'organisation de l'État : la constitution, le gouvernement, l'administration.

est coiffée à la Titus. J'ai donc donné la Charte comme un contrat entre le passé que je représente, et le présent, c'est-à-dire la jeune France. Et comme le roi de Prusse lui disait qu'il comptait bien que Sa Majesté française ne garderait pas six mois cette Charte avec laquelle il n'avait pas plus de puissance qu'un bourgmestre : « Monsieur mon frère, répliqua Louis XVIII, je compte la garder toujours ; avec elle, ma puissance s'augmente de toute celle que j'abandonne à mes sujets. »

Pour être un chef-d'œuvre, il ne manquait à la Charte de Louis XVIII que deux choses : 1° plus de clarté dans la détermination des droits de la royauté, droits si obscurément établis dans l'article 14, qu'il fallut une révolution pour les préciser ; 2° plus de confiance dans ce que Louis XVIII appelait la jeune France, et par conséquent l'admission à 25 ans à l'électorat, et à 30 ans à l'éligibilité. Un écrivain moderne, qui sait, dans des livres légers en apparence, traiter avec un grand sens, les plus hautes questions, a très bien développé cette pensée : « La Charte concédée par Louis XVIII, dit-il, avait le défaut de lier les mains aux rois en les forçant à livrer les destinées du pays aux quadragénaires de la chambre des députés et aux septuagénaires de la pairie, de les dépouiller du droit de saisir un homme de talent politique là où il était, malgré sa jeunesse ou malgré la pauvreté de sa condition. Napoléon seul put employer des jeunes gens à son choix, sans être arrêté par aucune considération. Aussi, depuis la chute de cette grande volonté, l'énergie avait-elle déserté le pouvoir. Or, faire succéder la mollesse à la vigueur

La constitution, c'est la loi fondamentale de l'État, c'est le pivot sur lequel roule toute la machine politique. L'idée de l'État, avons-nous dit, se produit au dehors par la loi d'évolution, et cherche à se poser sous diverses formes dans le monde. Car la tâche de l'humanité est de développer tous les rapports fondamentaux qui reposent dans sa nature. L'État doit donc donner, par une immense conciliation, satisfaction à tous les

est un contraste plus dangereux en France qu'en tout autre pays. En général, les ministres arrivés vieux ont été médiocres, tandis que les ministres pris jeunes ont été l'honneur des monarchies européennes et des républiques où ils dirigèrent les affaires. Le monde retentissait encore de la lutte de Pitt et de Napoléon, deux hommes qui conduisirent la politique à l'âge où les Henri de Navarre, les Richelieu, les Mazarin, les Colbert, les Louvois, les d'Orange, les Guise, les La Rovère, les Machiavel, enfin tous les grands hommes connus, partis d'en bas ou nés aux environs des trônes, commencèrent à gouverner les États. La Convention, modèle d'énergie, fut composée en grande partie de têtes jeunes. Aucun souverain ne doit oublier qu'elle sut opposer quatorze armées à l'Europe. Sa politique, fatale aux yeux de ceux qui tiennent pour le pouvoir absolu, n'en était pas moins dictée par les vrais principes. Elle se conduisit comme un grand roi. » M. DE BALZAC. — LA FEMME SUPÉRIEURE. — On nous saura gré d'avoir cité ici cette belle page d'un profond penseur et d'un grand écrivain.

intérêts qui s'agitent au sein de la société politique[1]. Il le fait au moyen de la loi fondamentale. Aussi, avec quel saint tremblement ne doit-on pas élaborer cette loi! Et quand enfin elle est sortie du travail silencieux des siècles, combien ne doit-elle pas être inviolable et sacrée!

La loi fondamentale dans un État est la plus haute, parce qu'en elle la volonté réunie du souverain et des sujets trouve un

[1] Les Perses au temps de Darius n'étaient pas plus faits pour le gouvernement républicain, que les Athéniens du temps de Miltiade, de Cimon et de Périclès n'étaient faits pour le gouvernement despotique. Les Syriens, sous les Seleucides; les Egyptiens, sous les Lagides, n'étaient pas plus propres à une constitution démocratique, que Carthage aux jours d'Annibal, et Rome au siècle de Scipion, n'étaient propres à une constitution monarchique. Ainsi en serait-il des temps modernes. Un sultan ne conviendrait pas plus à la Suisse qu'un avoyer à la Turquie. Une royauté héréditaire ne serait pas plus possible à Washington, qu'un président électif à Stockolm. Donnez à un peuple une constitution pour laquelle il n'est pas mûr, elle sera pour lui comme la robe de Déjanire, ellele dévorera au lieu de le sauver. Mais ce que l'on peut affirmer avec la raison pure et la philosophie de l'histoire, c'est que la tendance générale de l'humanité est d'aller à la monarchie héréditaire, tempérée par le système représentatif.

parfait équilibre ; elle est la plus haute ,
parce qu'elle est la raison universelle dans
laquelle tout ce qu'il y a de divers dans l'État,
personnes et choses , est lié dans une magnifique unité. Aussi doit-elle être inébranlable et sainte, et tout ce qui découle d'elle
doit-il revêtir ce même caractère de fermeté et de dignité ; ses prescriptions doivent
être hors de blâme , ses décisions sans ap-
pel et ses commandements irrésistibles !

CHAPITRE CINQUIÈME.

DÉFINITION DE LA SOUVERAINETÉ.

L'idée de la constitution fonde la souveraineté ; or, qu'est-ce que la souveraineté ? La souveraineté est l'idée de l'absolu appliquée au droit d'une personne déterminée. Cette personne physique et morale d'où émane toute autorité, est appelée chef de l'état, souverain. A la souveraineté répond, comme nous l'avons dit, la subordination[1].

Il ne faut donc pas confondre l'idée de la souveraineté avec la puissance politique; sans doute l'une comprend l'autre, mais la souveraineté est à la puissance politique ce que le moyen est au but, ce qu'est le signe à la chose signifiée. Le souverain réalise, personnifie la puissance politique, sans être la puissance politique elle-même, car du devoir de se soumettre en général à la domination de l'État, ne découle pas le devoir

[1] Nous nous servons dans ce travail des mots *subordination, sujet,* pris dans leur rapport avec la *souveraineté,* au risque de blesser d'ombrageuses susceptibilités. Il n'y a pas, à notre avis, d'autres mots pour exprimer la liaison entre l'obéissance et le commandement. Là où il n'est pas de sujet, il n'est pas non plus de monarque. M. de Blacas, ambassadeur à Rome, avait l'insolence de dire: « Le roi, mon maître, peut reconnaître Bernadotte comme roi de Suède, quant à moi; je ne le reconnais pas. » Avec un pareil système, il arrive à un gouvernement ce qui est arrivé à la restauration : une révolution l'emporte, lui et ses imprudents serviteurs. Bernadotte, élevé à l'empire par le droit de son génie, pouvait bien se passer de la reconnaissance de M. de Blacas, dont nulle action mémorable n'immortalisera le nom, tandis que la dynastie fondée par Charles-Jean XIV, a déjà pris rang dans l'histoire, et ce peuple guerrier que Charles XII conduisit tant de fois à la victoire, est fier de son illustre et grand prince Oscar Ier.

9

de reconnaître sur soi la puissance d'un souverain déterminé.

Il importe donc de distinguer entre la souveraineté de l'idée et la souveraineté de fait. Celle-là est la souveraineté en tant que son essence est déterminée par la création de la puissance sociale, par le devoir de se soumettre à l'État; celle-ci est la représentation réelle de la toute-puissance dans un État donné, ou l'harmonie entre la domination effective et l'idée.

De ce que la souveraineté ne doit pas rester à l'état d'idée abstraite, mais devenir un fait, il suit que l'État doit réaliser l'idée du souverain. Le souverain est donc, d'après le droit politique universel, celui qui, par le libre consentement de tous les membres d'une société, a pris la direction des forces de cette même société, de manière à la conduire à son but, à l'accomplissement de ses destinées. Aussitôt qu'il a accepté cette tâche, il est obligé d'agir conformément à ce qu'elle exige de lui, et les sujets sont obligés de lui accorder obéissance en tout ce qu'elle exige d'eux.

CHAPITRE SIXIÈME.

D'après les principes que nous avons établis jusqu'ici, le souverain et le sujet sont dans le rapport juridique de parties ayant contracté une pacte d'union dont le but est de faire régner sur la terre la domination du droit. Pour cela, la soumission du sujet à l'égard du souverain est indispensablement nécessaire. En effet, les lois fondamentales de l'État ne peuvent pas déterminer la sphère d'action de la constitution dans les cas nombreux qui peuvent se présenter. La loi fondamentale ne peut renfermer que les conditions générales, les principes et les limites du gouvernement légal, et comme la marche de l'État doit être ferme et ininterrompue, l'exécution des obligations amenées par les besoins journaliers de l'État, doit être abandonnée à l'arbitre du souverain, non qu'il soit moralement indifférent qu'il agisse de telle ou telle manière dans l'administration de l'État, mais parce qu'il importe que les sujets ne paralysent pas le mécanisme de l'État par la résistance aux ordres du souverain [1].

---

[1] C'est la distinction entre les *lois* et les *ordonnances*, distinction fort ancienne parce qu'elle est dans la raison, et qui apparaît sous la première race; témoin ces paroles d'un capitulaire de Louis-le-Pieux (819). « *Hæc capitula dominus Ludovicus imp. cum universo coetu populi, in Aquisgrani palatio promulgavit atque legi salicæ addere præcepit. Ipse postea, cum in Theodonis villa generalem conventum habuisset, ulterius capitula appellanda esse prohi-*

De là on peut tirer les affirmations sui-
vantes :

Nul être raisonnable et aussi plusieurs
êtres raisonnables ne peuvent, avec l'assentiment de leur raison, accepter la souveraineté s'ils n'ont pas la liberté, d'après leurs propres lumières, de gouverner, conformément
aux lois fondamentales, les forces de la société qu'ils sont obligés de conduire à son but,
et si, par leur soumission, les sujets ne renoncent pas à tout droit de contredire l'exercice
légitime de la souveraineté, en tant qu'elle
se renferme dans le cercle qui lui a été tracé
par les lois fondamentales.

Nul être raisonnable et aussi plusieurs
êtres raisonnables ne peuvent accepter la
sujétion politique, avec l'assentiment de la
raison, s'il dépend de l'arbitraire du souverain de détruire les lois fondamentales de la
société politique, de les changer ou d'agir
contrairement à ces lois.

buit, *sed ut* LEX *tantum dicerentur voluit.* » La différence
de droit entre la loi et l'ordonnance, est que l'une est un acte
synallagmatique, l'autre un acte unilatéral.

De la première affirmation dérive :

Que l'obéissance des sujets vis-à-vis des commandements de la puissance exécutive, doit être absolue et illimitée ;

Que le souverain ne doit pas être gêné dans l'exercice de la plus haute puissance, tant qu'il ne contredit pas les lois fondamentales de la société politique ;

Que le souverain, dans une bonne constitution, doit être irresponsable, inviolable, et ne peut être ni déposé ni puni.

De la seconde affirmation dérive :

Qu'il ne peut dépendre du caprice du souverain de suspendre les lois fondamentales de la société politique, ni de les changer, ni d'agir en contradiction avec elles ;

Que du moment où le souverain se mettrait en contradiction formelle avec le but de l'État déposé en germe dans les lois fondamentales pour être développé, le contrat de soumission serait détruit ;

Que, pour empêcher la violation des lois fondamentales, les sujets ont le droit de critique envers les ordres du souverain, dans les limites légales.

CHAPITRE SEPTIÈME.

COLLISION DES DROITS.

L'État, avons-nous dit, a été créé dans un but général, et nous nous sommes demandé si les membres qui le composent ont ou non le droit de décider de l'aptitude de la constitution à atteindre ce but. Il semble logique de conclure qu'ayant été appelés, lors de

la fondation de la constitution, à donner leur
assentiment, ils n'ont pas pu perdre ni alié-
ner ce droit. Mais quelle source d'erreurs s'il
fallait consulter la nation sur ce point ! Et
comment constater la pluralité ? Cependant
l'erreur possible, dira-t-on, ne détruit pas le
droit.

La nature délicate des choses exige que
l'on applique ici un principe de prudence ; et
l'erreur possible aurait de si effroyables conséquences pour l'avenir de l'État, qu'il est
indispensable que les membres de la société
politique renoncent à leur droit à cet égard,
ou tout au moins le délèguent. C'est la condition de la stabilité de l'État.

Nous touchons ici à une collision extrême-
ment intéressante [1]. Les membres de la so-

___

[1] Cette doctrine de la collision des droits est une des plus
importantes qui puissent occuper la science ; elle a été connue des anciens, et Cicéron la résolvait comme nous par le
principe de l'utilité :

« *Quid si in una tabula sint duo naufragi, hique sapien-
tes, sibine uterque rapiat, an alter cedat alteri? Cedat
vero; sed ei, cujus magis intersit, vel sua vel reipublicæ
causa, vivere.* »

ciété politique renoncent-ils pour l'avenir à tout droit d'être consultés sur la forme de la constitution qui doit les régir, et à ne jamais donner leur opinion sur son influence, ou bien conservent-ils ce droit? Dans le premier cas, ils abdiquent le droit qu'ont les citoyens de donner leur opinion sur ce qui concerne l'État. Dans le deuxième cas, ils doivent constamment craindre l'anarchie. La question ne peut évidemment se vider que par transaction, et c'est l'affaire d'une bonne constitution de décider ces points importants.

Il faudra donc examiner les trois espèces de gouvernements dont les types nous sont offerts par l'histoire, et chercher de quelle manière et jusqu'à quel point ils concilient des droits essentiellement rivaux.

Or, la constitution qui donne place au progrès, qui le rend non seulement possible, mais nécessaire, est évidemment celle qui peut le mieux opérer cette immense conciliation. Aucune législation, aucune constitution ne peut se flatter d'avoir pour elle la perpétuité. Le temps marche toujours en avant et entraîne avec lui l'esprit de lumière. Les mœurs, les habitudes changent ; les arts, les sciences s'étendent ; de nouveaux éléments s'introduisent dans l'État ; les anciens mobiles deviennent impuissants et fragiles. Chaque siècle organise un nouvel ordre de choses, et cependant les anciennes lois et les anciens droits demeureraient les mêmes ! Ce serait contre la raison. Toute constitution qui vient de l'homme n'est que l'expression du degré actuel de culture de l'homme. Ceux qui promulguèrent les anciennes lois, les anciens droits, auraient-ils donc été meilleurs et plus sages que la postérité qui s'est développée plus tard ! Aristote aurait-il dit le dernier mot de la politique en déclarant l'esclavage naturel [1] ?

L'homme est un être perfectible, et il a une puissance infinie dans la pensée, dans le sentiment et dans la volonté ; dès lors il a le droit d'exiger l'établissement de constitutions qui répondent au degré de dévelop-

---

[1] Qu'est-ce qu'un esclave, se demande Aristote ? C'est un instrument animé dont on est propriétaire, répond-il, à la honte de son génie, ou plutôt de son siècle.

pement auquel il est parvenu. Il est vrai
qu'une politique aveugle cherche quelquefois à paralyser son essor et à lui opposer
des bornes, et prétend tracer un axe où
l'esprit humain doit se mouvoir dans un cercle éternellement le même, mais c'est là une
vaine tentative. Par cela même que le droit
est le plus juste, il est aussi le plus fort, et
il obtient toujours l'empire. Et s'il vient une
fois à réclamer, il réveille tous les sentiments endormis dans le sein de l'homme, et
alors l'ordre antique, pour n'avoir pas voulu
se plier aux circonstances nouvelles, aux
besoins nouveaux, fait naufrage dans une
révolution.

LIVRE QUATRIÈME

LES GOUVERNEMENTS

CHAPITRE PREMIER.

DES DIVERS TYPES DE GOUVERNEMENT.

Il y a trois formes ou trois types de gouvernement : le DESPOTISME, le RÉPUBLICANISME, le MONARCHISME. Montesquieu les définit ainsi : « Le gouvernement républicain est celui où le peuple en corps, ou seulement une partie du peuple a la souveraine puissance. Le monarchique, celui où un seul gouverne, mais par des lois fixes et établies, au lieu que, dans le despotique, un seul, sans lois et sans règle, entraîne tout par sa volonté et par ses caprices. » Toutes les autres formes sont des mélanges. Le despotisme altier peut se transformer quelquefois en gouvernement doux, mais il n'abandonne pas son caractère, c'est-à-dire l'indépendance de sa volonté. Le républicanisme peut prendre beaucoup de nuances, et passer d'une démocratie sauvage à une démocratie civilisée ; mais cependant il ne perd pas son caractère, c'est-à-dire la jalousie qu'a le peuple de sa puissance et de sa participation exclusive aux affaires publiques. Le monarchisme peut, par beaucoup de branches, passer d'un ordre basé sur la loi à une constitution complète ; mais il garde son caractère, c'est-à-dire l'unité de volonté au milieu de la variété des institutions.

De ces formes, aucune ne peut entrer dans l'autre sans un complet renversement de choses [1].

---

[1] Aussi *la monarchie entourée d'institutions républicaines* de M. de Lafayette, était-elle une utopie absurde et révolutionnaire, qui n'avait pas plus de sens que n'en aurait *une république entourée d'institutions monarchiques*.

Nous avons dit qu'il y avait dans l'homme trois droits, trois principes que l'État devait faire entrer dans leur sphère d'action sans qu'ils se heurtassent l'un l'autre ; ces droits, ces principes sont : la LIBERTÉ, l'ÉGALITÉ, la SURETÉ. Quel est le gouvernement qui réalisera le mieux ce but ? La question ne peut être résolue que par un examen sérieux du principe et de la nature des diverses formes de gouvernements au point de vue des lois de l'esprit humain.

CHAPITRE DEUXIÈME.

TYPE DESPOTIQUE.

Lorsque nous examinons les lois de la gravitation, les lois des révolutions des planètes et de leurs grands axes dans le système solaire, nous concevons facilement un ensemble de forces diverses agissant ensemble d'après les règles d'un parfait équilibre.

Alors on se demande si l'organisation d'un État ne pourrait pas être formée selon un pareil mécanisme, de telle sorte que l'infaillibilité du mouvement moteur et sa direction dans une voie prescrite, fussent placées hors de toute incertitude. Si l'on pouvait parvenir à faire agir une loi de droit, d'une manière aussi fidèle qu'une loi de nature, l'organisme d'un État devrait s'en trouver admirablement. Qu'on imagine alors, au point culminant, au centre de la machine politique, une domination semblable à celle qu'exerce le soleil dans le système planétaire ! Ne serait-ce pas là, il semble, le beau idéal du gouvernement?

Des tentatives de cette nature ont été essayées et même réalisées dans le despotisme oriental, mais elles ont détruit et dû détruire le plus magnifique apanage de l'homme : la liberté extérieure. Et comme la perte de la liberté extérieure entraîne après elle l'affaiblissement et même l'obscurcissement de la liberté intérieure, il s'en est suivi que l'homme libre a été rabaissé au niveau de la brute, et que la sensualité l'envahissant tout entier, a remplacé en lui les sentiments élevés et les vertus. C'est la pensée fixe du principe despotique de vouloir changer son système en un simple mécanisme. Il aspire à établir la domination d'une seule volonté : toutes les autres doivent être des instruments ou des forces aveugles que cette volonté meut selon son plaisir. La volonté générale doit servir à un immense holocauste ; le caprice d'un seul doit conduire et gouverner tout. C'est l'image sous laquelle nous pouvons nous représenter Satan, cet ange rebelle cherchant à combattre éternellement la lumière, c'est-à-dire la liberté. Dans ce système, aucun devoir propre de l'homme ne doit agir ; aucune conviction libre du vrai et du bien ne doit le diriger. Un tel système est la plus grande dégradation de l'humanité ; c'est l'œuvre véritablement infernale dont le Christ a sauvé le monde, et qui ne pouvait être favorisée que par un culte menteur, hideux de voluptés, ne portant en soi ni liberté, ni amour.

Or, est-ce là que l'on peut trouver la liberté, l'égalité, la sûreté ?

Le despote, loin de donner l'essor aux sentiments qui font la dignité de la race humaine, cherche au contraire à les étouffer. La liberté, il en redoute la plus petite étincelle, car tout doit être un mécanisme dont lui seul tienne les fils. La condition du sujet est d'obéir ; au despote seul le droit de commander ; qui délibère est déjà rebelle. Et pour cela, il a besoin d'une puissance illimitée et rapidement exécutive. Et comme les arts et les sciences ont pour résultat certain d'élever l'âme immortelle de l'homme et de lui donner de nobles aspirations, le despote a soin de les empêcher de fleurir ; il paralyse l'éducation publique ; il la tient dans sa main et n'en laisse sortir que ce qui lui plaît. L'égalité, sous le despotisme, est un mot inconnu et qui va directement contre la puissance souveraine. La faveur est tout, le mérite n'est rien. Les dignités sont concentrées dans quelques familles privilégiées ; tout le reste est esclave. La sûreté n'existe pas. Tout appartient au maître souverain, corps et biens ; et quand il a besoin d'argent, il pille ses pachas qui, à leur tour, pillent le peuple. Ce défaut de sûreté tue toute culture, toute émulation, toute industrie. Il n'est permis à chacun d'acquérir que ce qui est nécessaire à sa stricte existence. La richesse est un crime qui coûte la vie. La sévérité des peines n'a aucun rapport avec les délits : le but est d'inspirer l'effroi. Les têtes des favoris d'hier sont exposées sur la place publique, afin que ce sanglant spectacle apprenne à respecter la puissance irrésistible. Le despotisme n'est pas une force qui crée, c'est une force qui détruit[1].

[1] A mesure que l'humanité se développe, le despotisme s'en va. Notre époque nous en offre d'éclatants exemples. Voyez Abdul-Medjid, digne fils de Mahmoud, initiant libéralement ses peuples à la civilisation, opérant de sages réformes sociales et politiques, et chose remarquable et digne d'être recueillie par l'histoire, envoyant un ambassadeur complimenter le successeur à la chaire de saint Pierre à Rome! Voyez le magnanime bey de Tunis, par un élan sublime, abolissant l'esclavage dans ses États, autrefois berceau des lumières qu'il veut y ramener, et qu'il vient, en hôte magnifique, demander à la noble terre de France qui admire en lui un prince aussi grand par l'esprit que par le cœur! Voyez dans l'antique patrie des Sésostris et des Ptolémées, s'élever un pacha glorieux, au front ceint tout à la fois des lauriers de la paix et de la guerre, lequel rassemblant les débris épars d'une nation, en fait un grand peuple, rouvre les sources fécondes du Nil, rend sa pureté au climat, fonde un royaume par la puissance de son génie, et répand en même temps sur le sol, des germes de liberté qui ne périront pas! C'est ainsi que s'immortalisent les chefs d'empires et que leurs urnes cinéraires couronnées d'une solide gloire, arrêtent les regards de la postérité.

CHAPITRE TROISIÈME.

TYPE DÉMOCRATIQUE.

Un type plus élevé est celui qui prend sa base dans la nature vivante, et que l'on peut appeler le type démocratique. Ce qui a en soi la vie n'est déjà plus une force aveugle. Par tout le domaine de la nature animée, il nous semble voir des directions libres, des proportions libres, des buts libres. Le principe vital ne suit déjà ni lois physiques, ni lois mécaniques. Il n'obéit ni à la gravitation, ni à l'équilibre de poids et de forces, de masse et de vitesse. Il se crée au contraire contre ces lois un empire propre dans lequel il réalise toutes ses forces, comme l'artiste de génie dans son domaine. Les proportions sont parfaitement exprimées dans cet empire. Chaque organe est un tout complet qui conserve son intégrité dans la sphère où il se meut. Chaque organe a sa force spécifique d'après laquelle il exerce les fonctions qui lui sont confiées, bien que cependant il obéisse encore à une loi générale. Les organes inférieurs [1] prennent soin de la nutrition, de l'intus-susception ; les organes du milieu [2] prennent soin de la circulation, de la respiration ; les organes du cerveau [3] prennent soin de gouverner la pensée publique, la volonté générale, de telle sorte que toutes ces fonctions s'harmonisent ensemble. Ainsi, chacun de ces organes a sa fonction particulière, de manière à ne donner

[1] Les esclaves dans les républiques.
[2] Les plébéiens.
[3] Les patriciens

ni trop, ni trop peu, et de là dérive la santé
du tout, de façon qu'il en résulte une proportion simple et magnifique. Ne devons-nous
pas prendre là un modèle pour l'organisation de l'État? Le peuple, dans nos temps modernes, à défaut des esclaves, serait chargé
des fonctions inférieures, de la nourriture
et des besoins physiques de l'État; les classes moyennes veilleraient aussi bien à ce
qui vient de la périphérie qu'à ce qui appartient au centre; le souverain, président ou
sénat, du haut de sa sphère élevée, im-
primerait le mouvement et la direction au
corps entier. Quoi de plus parfait en apparence que ce mécanisme où toutes les forces de l'État auraient leur emploi distinct
et régulier?

Mais, en y réfléchissant, on voit que l'État
ainsi constitué n'aurait aucune vertu, aucune force libres. Le principe spirituel s'en
trouverait banni, et tout l'art se trouverait
dans la productivité des forces plastiques.
De même que l'estomac, le cœur, le cerveau exerçant une activité à eux propre, n'ont
à cela aucun mérite et n'obéissent pas à une
force intelligente et libre, ainsi chaque

fonction, chaque organe de l'État, dominé par une force fatale, serait privé de l'élément fécond de la liberté.

Et puis, chose étrange et remarquable ! la démocratie semble n'avoir de vie que là où se trouve l'esclavage comme contre-poids! Il semblerait qu'en toutes choses, il n'y a qu'une mesure qui ne peut pas être dépassée et qui gagne en force ce qu'elle perd en étendue, ou qui gagne en étendue ce qu'elle perd en force! A Sparte, les Ilotes n'étaient point considérés comme des hommes : on pouvait les tuer impunément; la loi ne vengeait point leur mort. A Athènes, la condition des esclaves était, il est vrai, plus douce. Quand ils étaient trop maltraités, ils pouvaient demander d'être vendus à un autre maître; alors on les amenait sur la place publique, et on les exposait comme un vil bétail. Qu'on se souvienne aussi du sort des esclaves à Rome ! A côté du citoyen si largement libre, était l'esclave dont la chaîne ensanglantait les pieds. Dans les républiques modernes d'Amérique, l'esclavage règne dans toute sa cruauté, et fait digne de réflexion, là où il a été aboli, c'est par la monarchie.

L'esclavage semble être nécessaire dans les républiques pour que le citoyen puisse vivre sans travailler, s'occuper des affaires publiques sans négliger ses affaires privées ; de sorte qu'il semblerait presque logique de conclure : Pas d'esclavage, pas de démocratie.

C'est que, en toutes choses, la vérité n'est pas dans les extrêmes ; elle est dans un milieu qui semble seul être à la portée de la nature humaine ! Hors de là, il y a lutte parce qu'il y a excès, l'équilibre est rompu.

Dans les constitutions démocratiques, la liberté, l'égalité, la sûreté, ces droits éternels de tous, sont le privilége de quelques-uns.

CHAPITRE QUATRIÈME.

TYPE MONARCHIQUE.

Il y a un type plus élevé, c'est le type monarchique. C'est celui où les institutions extérieures se trouvent dans une plus exacte proportion avec les forces de l'âme. L'État peut-il être autre chose que ce qui sort des rapports fondamentaux de l'homme? Si l'intelligence pratique d'un peuple n'est pas en-

core formée, comment voulez-vous organiser les maximes de prudence dans l'État? Si
sa sensibilité n'est pas encore développée,
comment voulez-vous faire du point d'honneur un mobile actif pour l'homme? Si sa
volonté n'est pas encore mûrie pour la
vertu, comment voulez-vous donner au peuple la liberté et l'indépendance? La lumière
extérieure n'est que le reflet de la lumière
intérieure, et où l'une n'est pas, l'autre ne
peut exister. Il faut avoir sondé d'abord ce
que renferment les replis de l'âme, avant
d'essayer de la répandre à l'extérieur. Voulez-vous trouver la meilleure organisation
de l'État, alors vous ne devez pas seulement consulter les idées relatives au corps,
mais encore les idées relatives à l'esprit,
et ensuite, il vous sera facile de découvrir
ce qui appartient à la législation libre,
et les institutions qui réalisent dans l'État
les lois fondamentales. Ces pouvoirs sont
admirablement organisés dans l'âme, puisque c'est la main de Dieu qui les y a
placés. Imitez cet ordre, et vous aurez la
meilleure organisation de l'État.

Or, la constitution monarchique est celle

qui met le mieux en action les lois éternelles de l'esprit humain.

Mais ici se présentent des distinctions importantes.

Il y a plusieurs sortes de monarchies. Les unes qui ne diffèrent pas beaucoup du despotisme et que l'on désigne sous le nom d'autocraties ; les autres où un seul gouverne, il est vrai, mais selon une loi fondamentale qui établit une constitution représentative.

L'autocratie peut être exercée par un souverain doux, qui donne souvent l'impulsion à la culture, à la vie sociale d'un peuple. Les souverains qui sont en même temps conquérants, sont toujours enclins à établir des institutions qui éveillent le désir de l'honneur et de la gloire, apanage des États belliqueux. Pierre-le-Grand en fut un exemple mémorable.

L'État romain, sous Auguste, fut changé en une véritable autocratie. Et comme la transition avait été très brusque et que l'on pouvait craindre que le peuple se soulevât,

Auguste laissa pendant quelque temps la forme républicaine debout, il endormit le peuple au sein des intérêts matériels, corrompit ses mœurs pour le rendre plus souple, et les meilleures lois qu'il donna, furent toutes calculées en vue de sa puissance.

Ce n'est pas sous de telles monarchies que l'on peut trouver nos trois principes : la liberté, l'égalité, la sûreté !

La liberté, l'égalité, la sûreté ne se rencontrent que dans les monarchies qui jouissent d'une constitution représentative.

Qu'est-ce que cette constitution ?

Une constitution en général est la plus haute expression de l'idée de droit. Chaque constitution doit déterminer et régler en général les droits du souverain, des classes moyennes[1] et du peuple, et chercher à établir entre eux la proportion la plus conforme

---

[1] La prépondérance des classes moyennes, qui a fait la force de deux grands hommes d'État, Royer-Collard et M. Guizot, n'est pas une idée moderne : elle date d'Aristote

au bien de la société politique, de telle sorte
que l'action d'un seul soit d'accord avec la
liberté, l'égalité, la sûreté de tous. D'où il
suit que le but de la constitution n'est pas
de partir d'un peuple pour aller à un monarque, mais de partir d'un monarque pour
aller à un peuple. Et pour rendre notre pen-

qui s'exprime ainsi dans sa *Politique* : « Un État, d'après le
vœu de la nature, doit être composé d'éléments qui se rap-
prochent le plus possible de l'égalité. Or, telle est la classe
intermédiaire. Elle est l'élément que la nature destine à la
composition de l'État ; c'est par elle que l'État sera bien gou-
verné ; c'est encore cette classe moyenne, dont l'existence est
la plus assurée : elle ne désire pas le bien d'autrui comme les
pauvres ; sa fortune n'est pas convoitée comme celle des riches ; elle ne conjure point, on ne conspire pas contre elle,
elle vit dans une profonde sécurité. Oui, il est vrai que la
classe moyenne est la base la plus sûre d'une bonne organisation sociale ; il est vrai qu'un État aura nécessairement un
bon gouvernement si cette classe a la prépondérance sur les
deux autres réunies, ou du moins sur chacune d'elles en particulier. C'est elle qui, se rangeant d'un côté, fera pencher
l'équilibre et empêchera l'un ou l'autre extrême de dominer ;
aussi, les gouvernements qui ont une honnête aisance, as-
sureront-ils le bonheur de l'État. — Un autre avantage inappréciable de la clase intermédiaire, c'est qu'elle ne s'insurge
jamais : partout où elle est en majorité, on ne connaît ni ces
inquiétudes, ni ces réactions violentes qui ébranlent le gouvernement. Les grands États sont moins exposés aux mouve-
ments populaires. Pourquoi ? Parce que la classe moyenne y
est nombreuse. » — Livre IV, Chap. XI.

sée avec une formule mathématique, il faut
dire : Soit donné un souverain, déterminer
la sphère d'action de sa puissance en conci-
liant et ses droits et ceux du peuple qu'il doit
gouverner. Un chef est en effet le premier
terme d'une constitution ; il faut toujours le
supposer pour établir cette constitution.

Le droit à une constitution naît du développement de la raison d'un peuple. Aussi
longtemps qu'un peuple n'est pas arrivé à un
degré de lumière suffisante, il n'a aucun droit
à une constitution ; car un peuple, comme
un individu, a sa période de minorité pendant laquelle on ne peut lui confier ni liberté, ni égalité. Où nul esprit d'intérêt général ne vit encore, où l'égoïsme dévore
tout, où la nécessité impérieuse de l'ordre
ne s'est pas fait sentir, la liberté deviendrait
licence, l'égalité orgueil et mépris de la puissance. Ce n'est que quand un peuple est devenu majeur, maître de lui-même, *sui juris*,
qu'on peut l'admettre à la discussion des affaires générales. Le talent des hommes
d'État consiste à organiser tous les moyens
de culture qui sont mesurés à la civilisation
d'un peuple. Aussi n'en sont-ils, n'en doivent-

ils être que les précepteurs, non pour le
côté scientifique et littéraire, mais pour le
côté juridique, pour assurer dans son sein
le règne de la souveraineté du droit.

Une fois qu'un peuple est arrivé à un état
de lumières qui lui permet d'avoir une monarchie représentative, il a atteint le plus
haut degré de civilisation. Parvenu là, il ne
peut plus politiquement que descendre. Est-
ce à dire pour cela qu'il n'est plus suscepti-
ble de progrès? Nullement. Il a encore un
champ assez vaste, un champ illimité dans
le perfectionnement de sa constitution. Une
constitution, quelque parfaite qu'elle soit, ne
peut jamais être le dernier mot d'un État, qui
change à mesure que les siècles s'écoulent.
Aussi ne voyons-nous pas les États qui pos-
sèdent des gouvernements représentatifs s'arrêter. Une foule de lois se succèdent sous
l'abri de la loi fondamentale, et n'en sont que
le développement; elle est le pivot sur lequel elles tournent; et ces lois sont toutes,
en général, l'expression des besoins et des
lumières d'un peuple; elles sont toujours
destinées à le pousser en avant, jamais en
arrière.

Dans une monarchie constitutionnelle, la représentation nationale est la vie de la constitution. Ce n'est pas du peuple que vient la loi, comme dans la démocratie ; il peut seulement faire entendre ses vœux. Ce n'est pas non plus du souverain qu'elle émane, comme dans l'autocratie ; il se fait représenter dans la discussion de cette loi, par ses ministres, afin de ne pas détruire par sa présence la liberté des opinions. Ce n'est pas non plus des classes élevées et moyennes que dérive cette loi, comme dans l'aristocratie ; elles ne peuvent paraître dans l'assemblée législative que par leurs délégués.

L'unité des pouvoirs doit résulter de la variété des pouvoirs. La règle fondamentale est que chacun doit se mouvoir librement dans sa sphère. S'il y avait achoppement, un grand danger s'ensuivrait. Or, dans toute société politique, il y a trois éléments essentiels qui ne viennent pas de l'extérieur, mais de l'intérieur, de la nature même des choses, de l'esprit humain : ce sont les éléments AUTOCRATIQUE, ARISTOCRATIQUE, DÉMOCRATIQUE. La meilleure forme de gouvernement est celle qui sait le mieux unir et fondre ensemble ces divers éléments. Et c'est là ce qui fait l'excellence de la monarchie représentative. En effet, que l'élément démocratique vienne à heurter l'élément aristocratique, alors naîtra une lutte, un combat qui finirait par la mort ou l'absorption de l'un ou de l'autre, et l'équilibre n'existerait plus. Aussi est-il important de tracer à chacun des pouvoirs des routes parallèles, afin qu'ils puissent se mouvoir avec une complète indépendance. De là cette triade politique indiquée par la raison :

¹ Le problème à résoudre dans une monarchie constitutionnelle, est celui-ci : FAIRE EN SORTE QUE LES TROIS POUVOIRS DE L'ÉTAT SOIENT RIVAUX ET NON ENNEMIS. L'humanité n'est pas arrivée sans efforts à cette conquête. Souvent l'on a vu l'un des pouvoirs, l'un des éléments tendre à anéantir l'autre. L'histoire n'est que la suite de leurs combats continuels. Ainsi, en 1660, en Danemarck, on voit la démocratie s'unir à l'autocratie pour écraser l'aristocratie. Philippe-le-Bel s'allie avec le peuple contre la noblesse et l'église. Charles-Quint, comme roi d'Espagne, décime la noblesse à Valence. Edouard d'Angleterre suit son exemple pour réprimer la puissance immodérée des seigneurs. Sous Henri II, l'aristocratie s'allie à la monarchie contre les évêques anglais. Louis XI abat la féodalité : c'est le pouvoir royal qui triomphe de la noblesse. A son tour, la démocratie l'emporte et jette, comme enjeu, sur le champ de bataille, les têtes sanglantes de Charles I⁰ʳ et de Louis XVI. Nous pourrions multiplier ces exemples.

Le roi représente l'élément autocratique et agit librement dans la sphère que lui trace la constitution. Ainsi, il déclare la guerre, il conclut la paix, il commande les armées, il nomme à tous les emplois, il confère les honneurs, les dignités, il exerce exclusivement le droit de grâce, il sanctionne et promulgue la loi. C'est le chef suprême de l'État, c'est l'interprète légal de la volonté générale, l'expression immuable et sacrée de la société [1].

La CHAMBRE DES PAIRS représente l'élément aristocratique et agit dans la sphère que lui trace la constitution. Ainsi, elle joue le rôle d'un pouvoir modérateur ; elle est destinée à imprimer au mouvement progressif une sage et prudente direction ; elle se montre impassible et au-dessus des passions du moment. Co-partageante du pouvoir législatif, irrévocable, elle participe en quelque sorte de l'au-

---

[1] Toute société a besoin d'un chef ; il faut bien que cela soit dans la nature des choses, puisque, depuis la création, les sociétés gravitent, comme par instinct, vers un centre ; qu'on l'appelle grand-prêtre, roi, président, le fait de l'obéissance est toujours le même.

torité permanente et immobile du souverain. Elle répond au besoin de stabilité des peuples.[1]

LA CHAMBRE DES DÉPUTÉS représente l'élément démocratique et agit librement dans la sphère que lui trace la constitution. Ainsi, l'élection immédiate est sa source; renouvelée à des époques périodiques, elle est l'image de la mobilité des opinions, de la variabilité des mœurs; elle est en contact continuel avec la nation; elle empêche l'esprit stationnaire ou rétrograde de se fixer; elle le pousse sans cesse en avant; elle attire les respects du peuple, parce qu'il reconnaît plus particulièrement en elle sa pensée intime.[2]

Dans une assemblée politique, les ministres sont un pouvoir nécessaire et non simplement de faveur. C'est leur présence qui soulève l'esprit d'opposition, et l'opposition est l'âme du gouvernement représentatif,

---

[1] L'élément aristocratique est pris ici dans le sens des classes qui ont, dans la société, une supériorité résultant de l'intelligence, du nom, ou de la fortune.

[2] L'élection avec un cens accessible à la petite propriété, est l'élément véritablement démocratique.

et par la contradiction qu'elle provoque, la meilleure institutrice du peuple. Les ministres ont l'importante mission de faire toutes les propositions qui regardent le gouvernement de l'État, de veiller aux charges publiques, et d'être prêts à répondre aux interpellations qui sont jugées nécessaires à la marche des affaires. Aussi leur présence est-elle indispensable dans le parlement. C'est par leur intermédiaire que le souverain est en rapport avec la représentation nationale, qu'il exerce, sous leur responsabilité, le droit de la convoquer, de la proroger, de dissoudre celle qui est élective.

Dans une monarchie constitutionnelle, le ministère est, à l'égard du trône, dans un rapport tantôt de dépendance, tantôt d'indépendance. Le ministre est dépendant du trône, car celui-ci a le droit absolu de changer ses ministres; il en est indépendant, car le trône est obligé de choisir ses ministres parmi les hommes qui ont la confiance de la nation, et qui sont les chefs de la majorité dans les chambres législatives. Le ministère est dépendant du trône, car il a besoin, dans les affaires les plus importantes, de prendre le consentement du prince; il en est indépendant, car si ce consentement lui est refusé, il peut en appeler à sa responsabilité et se retirer. S'il reste aux affaires, il couvre le monarque toujours inviolable, et qui devient, dans la personne de ses ministres, passible des peines que la loi prononce (1).

Deux chambres forment, comme nous l'avons dit, la représentation nationale : la chambre des pairs et la chambre des députés.

La chambre des pairs doit s'ouvrir aux

(1) « Tous les gouvernements ont échoué quand ils ont voulu déterminer par une loi les cas de responsabilité des ministres ; mais cette responsabilité n'en existe pas moins, et il faut en venir à ce que disait un ministre des finances : «Je crois que les ministres sont plus responsables en l'absence de la loi, qu'ils ne le seraient avec la loi que vous voulez faire à cet égard.» Aussi Louis XVIII répondait-il à un garde-des-sceaux qui lui présentait un projet de loi sur la responsabilité ministérielle : « Monsieur Pasquier, est-ce que vous voulez me fournir un moyen légal de faire pendre mes excellences ?» A notre sens, il n'y a pas de loi à faire ; elle est faite. Le code pénal punit la concussion, la prévarication, la trahison ; et ce sont là les seuls crimes politiques que puisse commettre un ministre dans ses fonctions.

hommes les plus éminents dans l'État : écrivains, poètes, orateurs, artistes, indus-
triels, propriétaires ; c'est une sorte de sénat conservateur qui doit représenter l'aristocratie du talent, du nom, de la fortune.
L'hérédité en est la base ; le pair héréditaire
personnifie l'État, la constitution, qui restent
fermes et inébranlables au milieu de toutes les
perturbations. En perdant l'hérédité, la pairie a perdu son véritable caractère. L'irré-
vocabilité du pair ne peut remplacer l'hérédité, principe social, manifestant l'esprit de
conservation et la perpétuité des traditions.

« La chambre des députés est composée de représentants électifs qui peuvent être simulta-
nément cassés à la volonté du souverain. L'indépendance, durant sa mission momentanée,
est sa plus belle prérogative. Il importait que
cette chambre fût distincte de la chambre
des pairs, afin que le principe aristocratique
qui se trouve plus particulièrement dans
cette dernière n'absorbât pas le principe démocratique, et n'entraînât pas la majorité à
des résolutions contraires à l'intérêt du peuple. Elle doit se recruter parmi les propriétaires, les magistrats et les hommes culti-

vant la science des lois, exerçant l'art de la guerre et les professions libérales. On doit bien se garder d'y laisser pénétrer l'élément de la noblesse. Ce ne serait pas là seulement une faute, mais encore un danger pour l'élément populaire, pour l'équilibre des pouvoirs,

La chambre des députés est le royaume des débats politiques; les plus grands orateurs s'y trouvent réunis, et l'intérêt national paraît se porter plus spécialement sur elle. C'est à sa discussion que les ministres soumettent d'abord les lois de finances ; cependant, aucune résolution émanant d'elle n'a force de loi qu'après avoir été soumise à l'examen de la chambre des pairs, adoptée par elle, et sanctionnée par le roi

[1] Les anciens ne connurent point cette forme de gouvernement que l'on désigne sous le nom de monarchie représentative. C'est là une conquête toute moderne. Il est vrai qu'en Phénicie, en Egypte, et dans plusieurs villes grecques de l'Asie-Mineure, on trouvait des monarques tantôt héréditaires, tantôt électifs, à la tête du gouvernement ; mais la véritable souveraineté résidait soit dans les mains du peuple (démocratie) ou d'un sénat (aristocratie), soit dans celles de quelques

Cependant une objection peut être faite à cette division des pouvoirs. Qu'arriverait-il si les résolutions d'une chambre étaient paralysées par le veto de l'autre? A cela, on peut répondre par l'expérience.

S'agit-il de résolutions que nul intérêt puissant ne réclame, alors rien ne périclite, on peut en ajourner l'adoption.

S'agit-il de résolutions d'une grande importance, et que le bien de l'État oblige impérieusement d'accepter, alors la majorité comprend cette nécessité et s'y soumet. Ainsi, de nos jours, on vit un des grands

grands (oligarchie), ou des prêtres (théocratie), ou de la multitude (ochlocratie), le fond de la constitution étant toujours républicain. Les rois n'étaient, à proprement parler, que les directeurs, les mandataires de la chose publique, que des fonctionnaires exerçant une puissance exécutive, dont la source descendait d'une autorité plus haute. Grâce à la civilisation et à la générosité de la France, la Grèce moderne jouit d'un gouvernement représentatif. Un grand ministre, un orateur éminent, M. Coletti, a su retrouver, sur cette terre féconde, de nobles accents pour fonder l'alliance de la monarchie et de la liberté, dans la patrie d'Aristogiton, de Miltiade et de Périclès, pouvoirs de l'État, dans une abnégation sublime, se mutiler de ses propres mains, en s'enlevant l'hérédité. Ce fut un holocauste offert sur les autels fumants de la révolution, dont de hauts dignitaires, à la fois sacrificateurs et victimes, contribuèrent à combler l'abîme encore béant.

CHAPITRE CINQUIÈME

RÉSUMÉ.

Maintenant que nous connaissons le mécanisme admirable du gouvernement représentatif, comparons ses résultats pour la satisfaction des trois principes LIBERTÉ, ÉGALITÉ,
SURETÉ, avec les autres formes de gouvernement.

Il n'y a, avons-nous dit, chez un peuple, qu'une somme déterminée de liberté, d'égalité, de sûreté.

Dans le despotisme, la liberté est absorbée par un seul; tout le reste est esclave.

Dans le républicanisme, la liberté ne se répand que sur les membres de la nation; tous les autres n'y ont aucune part;

Dans le monarchisme constitutionnel, elle s'étend sur tous; chacun en jouit à titre égal;

Dans le despotisme, l'égalité n'existe pas; inégalité intérieure et extérieure tout à la fois, à l'intérieur, entre le despote et le sujet; à l'extérieur, par la tendance constante à la soumission des autres;

Dans le républicanisme, égalité intérieure des citoyens, inégalité extérieure amenée par l'esprit de conquête;

Dans le monarchisme constitutionnel, égalité intérieure et extérieure partout; l'iné-

galité de puissance des divers États est com-
pensée par l'egalité du droit général [1].

Dans le despotisme, aucune sûreté dérivant de la loi ou du contrat : le despote absorbe tout, choses et personnes;

Dans le républicanisme, sûreté intérieure,
mais nulle sûreté extérieure;

Dans le monarchisme constitutionnel, sû-

[1] Il y a eu cette année un admirable discours prononcé à
la chambre des pairs. Un brillant orateur, s'inspirant des plus
nobles sentiments qui puissent faire battre le cœur humain,
disait, à propos d'une grande nation dont un despotisme stupide venait de détruire le dernier lambeau : « Il y a dans la
parole humaine employée avec désintéressement, une force
mystérieuse et invincible, dont ne se doutent pas les despotes; c'est l'honneur du gouvernement de la France d'être, en
quelque sorte, l'instrument de cette force providentielle;
c'est l'honneur de nos deux tribunes législatives d'en être
l'écho. Quand une telle protestation, si modérée qu'elle soit,
descend ainsi du trône jusque dans la dernière chaumière
où pénètre un journal, elle dépose fatalement dans tous les
cœurs un sentiment bien fort, le sentiment du droit ! Le
droit, dira-t-on, ce n'est qu'un mot aussi ! Oui, mais un de ces
mots immortels qui allument dans les âmes une flamme inextinguible, et c'est à cette flamme que Dieu allumera un jour
l'incendie de sa justice !»— *Discours de M.* DE MONTALEMBERT.
— Séance du 21 janvier 1847.

reté intérieure et extérieure tout à la fois,
fondée sur l'ordre, la confiance et l'équilibre
des pouvoirs et des États.

Dans le despotisme, aucune sûreté dérivant de la loi ou du contrat : le despote absorbe tout, choses et personnes ;

Dans le républicanisme, sûreté intérieure,
mais nulle sûreté extérieure ;

Dans la monarchie constitutionnel, sû-

[illegible footnote paragraph]

CHAPITRE SIXIÈME.

ALLIANCE DE LA MONARCHIE ET DE LA LIBERTÉ.

C'est donc une grande erreur que de croire
que la liberté du citoyen ne peut exister
avec la forme monarchique, et que l'on ne
doit chercher cette liberté que dans les républiques. L'expérience a déjà appris assez
souvent que la liberté de penser, de parler

et d'écrire, de diriger sa maison selon son caprice, d'élever ses enfants d'après son bon plaisir, était incomparablement plus grande dans les monarchies que dans les États démocratiques ; et l'on a vu plus d'une fois les citoyens des républiques chercher un réfuge dans les monarchies pour y jouir de la liberté que leur refusait leur patrie.

Si nous nous représentons les hommes dans l'état de nature ou l'état nomade, certainement il semble que leur liberté doit y être très grande. Mais tout cet avantage est anéanti par cela même que la liberté y est exposée aux plus grands dangers. Car qu'est-ce qu'un bien que l'on a toujours la crainte de perdre? Je peux sans doute agir contre chacun selon mon caprice sans être arrêté par la puissance civile ; mais aussi chacun peut se permettre contre moi ce qui lui convient, sans que cette même puissance me protége. Je dépends constamment du bon ou du mauvais dessein d'un autre, de telle sorte qu'à chaque instant, l'exercice de ma liberté légitime peut être paralysé. Une moindre liberté est donc seule une véritable liberté.

L'extension de la puissance au-dedans, l'envahissement des droits des citoyens, a-t-on dit, est la tendance ordinaire des monarchies. Ce n'est pas là la tendance des monarchies, mais des mauvais monarques. Dès lors, un argument tiré de l'abus de la constitution monarchique n'a aucune valeur contre la monarchie elle-même. S'il est dans la nature de tous les chefs des États d'usurper des droits, ne le peuvent-ils pas également dans les constitutions républicaines? La majorité ne tend-elle pas, là aussi, à absorber la minorité comme le monarque le sujet, et le citoyen n'est-il pas, vis-à-vis de celui qui commande, de quelque nom qu'il s'appelle, dans le même rapport que vis-à-vis de celui qui règne?

L'envahissement des droits des autres n'est donc pas le propre de la monarchie constitutionnelle, c'est le contraire qui est vrai. « C'est une expérience éternelle que tout homme qui a du pouvoir est porté à en abuser; il va jusqu'à ce qu'il trouve des limites. Qui le croirait? la vertu elle-même a besoin de limites. Pour que l'on ne puisse pas abuser du pouvoir, il faut que, par la disposition des choses, le pouvoir arrête le pouvoir [1]. » Or, l'excellence de la monarchie constitutionnelle consiste précisément en ceci, que, par la disposition des choses, elle oppose des limites à tous les pouvoirs [2].

Lorsqu'il s'agit d'apprécier le degré de liberté d'un peuple, il faut bien prendre garde de ne pas confondre la liberté politique et la liberté civile, choses bien distinctes et séparées par des différences profondes.

La liberté politiqu est la liberté du ci-

[1] MONTESQUIEU.

[2] « Le grand problème à résoudre était l'alliance de la monarchie et de la liberté ; c'était de faire sentir aux peuples que la liberté a besoin de la monarchie, et de prouver aux princes et aux rois que la monarchie a besoin de la liberté. C'est pour avoir méconnu ce principe, c'est pour avoir cru, d'un côté, que la liberté était incompatible avec la monarchie, et de l'autre, que la monarchie était incompatible avec la liberté, que la France a été entraînée dans les orages révolutionnaires. Dieu veuille en préserver les autres nations ! Puisse notre exemple convaincre les peuples et les rois que la monarchie et la liberté peuvent vivre et prospérer ensemble, mais qu'elles ne le peuvent qu'au prix d'une confiance mutuelle ! » *Discours de* LOUIS-PHILIPPE. — 1er janvier 1847. — L'histoire recueillera ces admirables paroles qui ont retenti dans le monde entier, et nul doute que le gouvernement constitutionnel, fondant l'alliance de la monarchie et de la liberté, comme ce grand prince l'a fait, ne soit l'avenir politique de l'humanité et des peuples.

toyen dans les affaires de l'État ; la liberté
civile est la liberté du citoyen dans les affaires privées.

Et c'est une chose incontestable parce
qu'elle est écrite dans le cœur humain : le citoyen est beaucoup plus inquiet, plus jaloux
de sa liberté civile que de sa liberté politique.

Dans une monarchie, nul, excepté le monarque, n'est politiquement libre ; car personne n'a le droit de déterminer ce qui,
d'après son propre arbitre, convient le
mieux aux intérêts de l'État. Ce droit, le monarque seul le possède, et chaque citoyen
est obligé d'obéir à sa volonté suprême. Au
contraire, la liberté civile dans une monarchie peut être très grande, et plus elle l'est,
moins le citoyen est limité, dans ses affaires
privées, par les lois de l'État.

Dans une démocratie, chaque citoyen
est politiquement libre, car il a le droit
de donner son suffrage dans les affaires
de l'État, et de contribuer, d'après son
caprice, au gouvernement. La liberté civile
peut être très petite ; car chacun est soumis

à la volonté de la société politique, et est forcé de lui subordonner ses actions particulières.

Dans la monarchie, le citoyen jouit plus complètement de sa force que le citoyen dans la démocratie, et il préfère la forme monarchique parce qu'elle lui offre plus de repos et de sûreté que les partis sans cesse agités de la forme républicaine. Il voit, à la tête du gouvernement, une unité forte, ne vacillant jamais, et réunissant au besoin en elle toute l'énergie de la volonté et de la puissance nationales. Il voit, entre lui et le roi, un parlement qui connaît tous ses vœux, tous ses besoins, et sait exiger qu'on leur donne satisfaction véritable.

Dans la démocratie, l'unité et par suite la puissance de volonté manquent; souvent, autant de têtes, autant d'avis, et dès lors incertitude sur les mesures instantanées que la nécessité réclame. Alors, comme les deux extrêmes se touchent, on est obligé de recourir au détestable moyen de la dictature, qui tient suspendue sur la tête des citoyens son épée sanglante. C'est le remède héroïque, la ressource dernière du désespoir.

CHAPITRE SEPTIÈME.

Le meilleur gouvernement est, comme l'annonce la raison, celui où toutes les parties qui le constituent servent à la fois de but et de moyens, se produisent, se fondent et se conservent réciproquement ; où rien n'est en vain, rien n'est sans but, rien n'est dérivé d'un simple mécanisme, mais où tout concourt à l'accomplissement de la destination finale de l'État.

Le meilleur gouvernement est celui qui tient un compte sérieux de tous les éléments existant dans la société, qui appelle dans une fusion amicale tous les principes rivaux, leur donne la place légitime qui leur est due ; accepte et consacre la portion immortelle de vérité que chacun d'eux renferme ; prend les avantages de l'autocratie et laisse de côté ses inconvénients ; prend les avantages de l'aristocratie et laisse de côté ses inconvénients ; prend les avantages de la démocratie et laisse de côté ses inconvénients ; substituant ainsi à l'action violente et irrégulière des partis, une direction ferme et modérée ; employant toutes les forces, n'en négligeant aucune, mais ne sacrifiant à aucune l'ordre et l'intérêt général.

En un mot, le meilleur gouvernement, c'est la monarchie constitutionnelle et représentative.

En effet, ce gouvernement emprunte au despotisme son principe, la crainte, et le

change en respect de la loi; au républicanisme, son principe, l'amour de la patrie, et
le change en amour de la constitution; au
monarchisme, son principe, l'honneur, et
le change en culte du bien public : respect
de la loi, amour de la patrie, culte du
bien public, sources de force invincible
pour les nations. L'élément démocratique
y est représenté par l'élection à tous les degrés; l'élément aristocratique y est représenté par un sénat héréditaire ou choisi dans
des catégories déterminées par la loi fondamentale; l'élément autocratique y est représenté par un chef héréditaire qui personnifie
l'unité et la perpétuité de l'État. C'est là véritablement l'idéal du gouvernement, c'est
la réalisation DU RAPPORT NÉCESSAIRE DÉRIVANT
DE LA NATURE DES CHOSES. C'est, inaugurées
dans la politique, toutes les vertus de l'âge
mûr : l'équité, la modération, l'impartialité,
la sagesse. La monarchie, tempérée par le
système représentatif, est l'âge de maturité
des peuples.

LIVRE CINQUIÈME

LES RÉVOLUTIONS

CHAPITRE PREMIER.

Y A-T-IL UN DROIT DE RÉVOLUTION ?

Nous avons établi que l'État, pris dans son abstrait, était saint, inviolable; il s'agit maintenant de rechercher si cette même sainteté, cette même inviolabilité s'applique à l'État, pris dans son sens concret, c'est-à-dire au gouvernement qui n'est que la réalisation extérieure de l'idée de l'État.

Quelques personnes croient pouvoir résoudre la question de la légitimité des révolutions, en disant que chaque révolution est un évènement physiquement, fatalement nécessaire, une explosion inévitable de forces comprimées. Chercher, à leur sens, la légitimité, la moralité d'une révolution, c'est comme si l'on cherchait la légitimité, la moralité d'un tremblement de terre.

Cependant, puisque les actions par lesquelles une révolution s'accomplit, sont, du moins médiatement, des actions libres et ne souffrent aucune comparaison avec la réalisation fatale d'un tremblement de terre, dès lors on doit avoir le droit de s'interroger sur leur degré de légitimité, de moralité. Une révolution physiquement nécessaire! Cela revient à dire : une révolution dérive des phénomènes sensibles auxquels la volonté libre est subordonnée. Or, c'est là une absurdité, car il y a, dans l'histoire, des révolutions justes et des révolutions injustes, ce qui suppose la liberté, condition de toute moralité.

Si, au lieu de révolutions, il s'agissait

simplement de réformes politiques, la question mériterait à peine un examen, car chaque réforme est légitime et morale en soi. En effet, la réforme dérive des lois de l'esprit humain, et dès lors elle est conforme au droit ; et une constitution est d'autant plus bienfaisante et plus sage, qu'elle admet toutes les réformes qui sont proclamées nécessaires pour les progrès de la raison publique ; or, les réformes deviennent de loin en loin nécessaires. Comment en pourrait-il être autrement au milieu du mouvement continuel des affaires humaines ? Comment une constitution qui aurait été donnée à un peuple sauvage pourrait-elle convenir à un peuple civilisé, dont les mœurs, les connaissances, les habitudes sont changées ? C'est comme si l'on voulait qu'un vêtement fait pour l'enfant lui servît quand il est devenu homme[1].

[1] Avec les mœurs d'une nation doit aussi changer la constitution d'un État. C'était là un axiome de la science politique des Grecs. C'est la doctrine de PLATON, *République,* livre VIII; d'ARISTOTE, *Politique,* livre V; de POLYBE, *Histoires,* livre VI. « Je conseillai au Roi (Louis XVI) disait Louis XVIII, de marcher avec son siècle, de faire des concessions à des hommes qu'il n'était plus temps de renfermer

La recherche de la légitimité des révolutions est hérissée de difficultés; cependant ces difficultés ne reposent pas dans la nature de la chose elle-même : elles dérivent du trouble qu'y ont apporté ceux qui, enflammés du feu des passions ardentes, se sont occupés de cette recherche. Or, la passion est un feu qui brûle sans éclairer : la matière grossière dont il se nourrit change sa lumière en obscurité.

On entend crier par-dessus les toits que chaque peuple a le droit de se révolter, c'est-à-dire, n'est-ce pas? de risquer son bien-être au jeu le plus dangereux et le plus funeste. Mais nous n'avons jamais entendu dire que, par réciprocité, les souverains eussent le même droit vis-à-vis de leurs peuples. Cependant, pris en général, l'un serait aussi légitime, aussi moral que l'autre ; car un souverain et un peuple sont les parties contractantes qui ont stipulé ensemble la cons-

dans les traditions naguères sacrées de la monarchie de Louis XIV, de donner à la presse une entière liberté , de convoquer tous les trois ans les États-généraux. » C'était le moyen de prévenir la révolution.

titution politique. Donc, si le peuple peut changer violemment la constitution sans le consentement du souverain, de même le souverain doit le pouvoir sans le consentement du peuple. Ce qui appartient à une partie doit aussi appartenir à l'autre.

La solution de la question est pourtant facile, et pour y parvenir, il suffit de se demander ceci : un citoyen peut-il, selon son caprice, rompre le lien qui l'unit à l'État et s'en détacher?

Pour répondre à cette question, il importe de remonter à l'origine de l'État.

Si l'on suppose une société qui, réduite à l'état nomade, veut se constituer d'après les principes essentiels de la nature humaine, son premier œuvre est le PACTE D'UNION. Ce pacte d'union devra être formé selon les principes de liberté, d'égalité, de sûreté. La liberté, en partant de cette base que chacun est son propre maître et ne peut souffrir de limitation que dans l'intérêt général; l'égalité, d'après le principe de l'échange réciproque des objets qui sont dans la sphère du contrat. Quant à la sûreté, elle ne peut être évidemment garantie que dans un système où chacun se serve de caution mutuelle, d'où il suit que le deuxième acte de la société doit consister dans le choix d'une puissance supérieure à laquelle cette société se subordonne; c'est l'INSTITUTION DE LA SOUVERAINETÉ. Dans cet acte, le rapport entre l'obéissance et le commandement doit nécessairement être exprimé, autrement l'idée d'une puissance supérieure serait une chimère. De là dérive le PACTE DE SUJÉTION.

Ainsi, tout homme qui devient membre de l'État accepte l'obligation d'en respecter les lois; il ne peut en sortir arbitrairement, ni le heurter; car les droits et les obligations qui naissent d'un contrat ne peuvent être éludés par la volonté isolée de l'un des contractants. Aussi longtemps donc qu'un citoyen remplit ses devoirs envers l'État, il conserve les droits qui lui compètent comme citoyen, et ne peut plus être exclu de la société politique. Je ne suis pas obligé, dira-t-on, de respecter le contrat que mes ancêtres ont passé. C'est une erreur : le droit civil et le droit politique sont d'accord pour vous y contraindre. Dans votre intérêt même, et comprenant cet intérêt mieux que vous, l'État ne veut pas que vous vous dégagiez de vos obligations envers lui, parce que vous perdriez en même temps tous vos titres et tous vos droits à sa protection.

Or, ce que le citoyen isolé ne peut pas, l'ensemble du peuple le pourrait-il! Si la forme actuelle de l'État ne lui plaît pas, le peuple pourra donc s'en affranchir! Il pourra changer la constitution de l'État, si bon lui semble; et si le souverain n'y veut pas consentir, il aura le droit de recourir à la force!

Ce qui est injuste de soi, ne peut pas plus être permis à un ensemble de personnes, serait-ce à l'humanité tout entière, qu'à un seul homme. Et logiquement, la collection ne peut pas avoir plus de droits que les parties qui la composent. Qu'on se représente en effet la situation d'un État dans lequel chacun des citoyens aurait la conviction qu'il a la faculté, si la constitution lui paraît insuffisante, d'entreprendre de la renverser pour en essayer d'une autre! Un tel État ne serait-il pas constamment près de sa perte?

L'inquiétude et la crainte ne seraient-elles pas la condition permanente des citoyens? Où serait la garantie de la stabilité des conditions sociales?. Qui réprimerait les dévorantes ardeurs de l'égoïsme? La paix ne serait-elle pas sans cesse le jouet des ambitions qui viendraient menacer d'anéantir l'unité de la société? L'État, en un mot, ne cesserait-il pas d'être?

Si les liens de la société politique doivent être fermes et forts, il ne doit pas évidemment exister dans son sein une situation où l'on puisse déchirer l'unité sociale. Cette situation se réaliserait pourtant si tous ou plusieurs croyaient avoir le droit d'anéantir la constitution subsistante sous le prétexte de son insuffisance; ce serait alors sortir de l'État pour rentrer dans la liberté naturelle, qui est l'absence de liberté.

CHAPITRE DEUXIÈME.

LE SOUVERAIN PEUT-IL ÊTRE DÉPOSÉ?

De la question du droit de révolution en découle une autre : c'est celle de savoir si les sujets ont le droit de déposer leurs souverains. Cette question est du plus haut intérêt. Des idées justes sur la nature du souverain peuvent seules nous conduire à sa solution.

D'après les principes que nous avons posés jusqu'ici, le souverain et les sujets sont dans le rapport juridique de parties contractantes, et puisque le souverain d'une part se soumet à gouverner d'après la loi fondamentale, et que d'autre part, les sujets se soumettent à lui obéir, il suit de là que cette espèce de contrat entre le souverain et le sujet, est une délégation, un contrat de mandat. La nature de l'objet auquel ce contrat se rapporte, détermine aussi son espèce et son étendue. Le soutien de la société politique, le maintien des droits de tous et de chacun, est le but général pour lequel la soumission est physiquement et moralement nécessaire. Physiquement nécessaire, parce que ce but ne saurait être atteint sans cela. Moralement nécessaire, parce que ce but ne peut être atteint qu'à l'aide de la raison.

La loi fondamentale de l'État ne détermine pas comment et de quelle manière agira le souverain dans chaque partie de l'administration de l'État et dans chaque cas particulier qui arrive, car il n'est pas possible que chaque cas particulier soit réglé par des lois expresses et d'une valeur toujours durable,

De la nature des choses, il dérive donc que la loi fondamentale de l'État ne peut renfermer que les conditions générales, les principes et les limites du gouvernement légal, et que, pour que l'État ait une marche ferme et ininterrompue, l'exécution des obligations découlant des besoins journaliers de l'État, doit être abandonnée à l'arbitraire du souverain. Nous disons à l'arbitraire du souverain, non qu'il soit moralement indifférent qu'il agisse de telle ou telle manière dans l'administration de l'État, mais parce que l'intérêt général demande qu'il en soit ainsi dans beaucoup de cas, pour éviter des perturbations plus graves.

D'après ces préliminaires, nous pouvons, sans contradiction fondée, présenter comme évidents les principes suivants :

Si le souverain pouvait, dans l'exercice de la plus haute puissance, être obligé de rendre compte à ses sujets de chaque ordonnance relative à l'administration de l'État, toute la souveraineté serait supprimée ;

Si les sujets avaient le droit de demander

compte au souverain de ses ordonnances prises dans les limites de la loi fondamentale, le souverain serait alors dans un état permanent de responsabilité, et la puissance exécutive serait suspendue.

Ces principes incontestables établis, il faut nécessairement en conclure que le souverain ne peut, par le caprice de la majorité, être déposé tant qu'il gouverne d'après la loi fondamentale ; sans cela, il serait impossible qu'un être raisonnable acceptât la souveraineté. Qui pourrait en effet tenir vis-à-vis d'un peuple la sainte promesse de diriger les forces d'un État vers leur but, s'il ne pouvait être assuré qu'en aucun moment on ne renversera pas ses projets au milieu de leur exécution ? Ne serait-il pas tout-à-fait contraire au bon sens que le peuple pût dire au souverain futur : Nous vous donnons la tâche de gouverner l'État d'après ses lois fondamentales, et nous subordonnons entièrement nos volontés à la vôtre, mais nous nous réservons le droit de vous déposer, si bon nous semble.

Et ne serait-il pas également contraire au

bon sens que le souverain dît à un peuple :
J'accepte le devoir de gouverner l'État d'a-
près ses lois fondamentales ; cependant, je
vous accorde en même temps le droit de me
déposer, si cela vous plaît.

Un tel rapport entre le souverain et les sujets serait la base d'une défiance réciproque,
d'une constante incertitude, et pourrait être
la cause de la perte d'un État.

Que les sujets aient le droit de critique en
ce qui concerne les ordres du chef de l'État,
cela se comprend ; mais ils ne peuvent pas
pour cela avoir le droit de le déposer, parce
que, par un tel droit, le but de la société politique et de l'État se trouverait compromis.
Ce serait à la fois la négation de l'ordre et
de la liberté.

CHAPITRE TROISIÈME.

LE SOUVERAIN PEUT-IL ÊTRE PUNI ?

Une autre question se présente :

Les sujets ont-ils le droit de punir leur souverain ?

Combien serait absurde un contrat de soumission dans lequel les sujets s'adjugeraient le droit de punir leur souverain, et où celui-ci concèderait le droit de se laisser punir. Un tel contrat serait de telle nature que la chose réservée et promise serait irréalisable, et que la condition serait impossible.

Dans ce système, le peuple dirait donc au souverain : Nous vous transmettons l'obligation de gouverner notre société d'après ses lois fondamentales, et dans ce but, nous vous promettons une obéissance illimitée sans laquelle vous ne pouvez agir; mais nous nous réservons le droit de vous punir, si vous nous gouvernez mal ! Le sujet manque de toute conscience quand il transmet sous une telle condition le droit et le devoir de gouverner, se réservant le droit de l'interrompre, s'il lui paraît que les ordonnances du souverain sont vicieuses, de telle sorte que l'exercice de la plus haute puissance ne puisse prendre une marche ferme et assurée.

Les fautes d'un souverain peuvent être ou des fautes de volonté, ou des fautes de lumière ou de jugement.

Si une faute est une faute de volonté, elle se laisse difficilement déterminer, car il n'est pas supposable qu'un souverain puisse commettre de ces faits qui vont directement contre le but même de la société, car alors et par cela même, il cesserait d'être souverain légitime et se montrerait l'ennemi de l'État, et dans ce cas, il ne pourrait plus être question de punir un souverain mais un ennemi.

Si une faute est une faute de lumière ou de jugement, il serait contraire au bon sens d'en punir le souverain. Quel but peut atteindre en effet une pareille punition? Comment s'imaginer un souverain que l'on chercherait à rendre meilleur en le punissant? Pour qui cette intimidation? Comment peut-on empêcher par l'intimidation une faute de lumière et de jugement? Comment d'ailleurs intimider celui qui a eu main la souveraine puissance? Qui déciderait sur l'imputabilité des fautes de cette espèce, puisque les lumières et le jugement de chaque homme sont exposés à des faiblesses si variées?

On connaît la maxime des gouvernements

constitutionnels : LE ROI NE PEUT MAL FAIRE [1].
Si le pouvoir exécutif suprême pouvait être
puni, il faudrait qu'il le fût par lui-même,
puisque c'est à lui qu'appartient spéciale-
la faculté de contraindre en vertu de la loi.
Il y aurait donc répugnance à ce qu'il fût
lui-même passible de contrainte.

[1] « Jadis, disait Louis XVIII, l'impôt établi par ma simple volonté, m'eût rendu odieux ; maintenant, ce n'est plus
moi, c'est la France elle-même qui s'impose. Je ne puis plus
que faire le bien, et quant au mal, la responsabilité en re-
tombe tout entière sur mes ministres. » Le principe de la
responsabilité des ministres est tellement inhérent à l'essence
de la monarchie constitutionnelle, que l'on peut affirmer que,
sans cette garantie nécessaire, il serait impossible d'indiquer
une différence réelle, dans la pratique et dans l'action, entre
la nature de ce gouvernement et celle d'une monarchie absolue. Le roi, indépendamment de sa participation à la puissance législative, doit avoir et réunit en effet dans sa main
tout le pouvoir exécutif ; c'est en son nom que tout se fait et
doit se faire ; et si, à côté de l'inviolabilité de sa personne
sacrée, on ne rencontre pas des agents responsables, auxquels des pouvoirs indépendants, chargés de veiller à la défense et à la conservation des droits communs, puissent s'en
prendre des vices d'administration et demander compte des
abus d'autorité, il est évident que le nom du roi étant toujours mis en avant pour couvrir toutes les fautes commises
et repousser toutes les attaques, on tournerait alors dans un
cercle vicieux autour duquel on rencontrerait toujours la
barrière inattaquable de l'inviolabilité du monarque.

Il serait absurde et contradictoire que celui dont ÉMANE TOUTE JUSTICE, fût soumis au pouvoir judiciaire qu'il a créé; il serait absurde et contradictoire de le voir s'infliger des peines, se condamner en son propre nom ; car si le pouvoir judiciaire cite devant lui le pouvoir exécutif comme responsable, et prononce contre ce dernier une sentence, qui mettra cette sentence à exécution? Si le pouvoir judiciaire jugeait le pouvoir législatif, il résulterait de ceci que l'autorité judiciaire aurait le droit de réformer les décisions de l'autorité législative et lui serait supérieure, et que, non seulement la loi dépendrait d'elle, mais encore qu'elle serait au-dessus de la loi.

Il n'y aura donc jamais de raisons de punir le prince, si légèrement que ce puisse être, pour son administration, parce que tout ce qu'il a fait comme prince doit être regardé comme extrinsèquement juste. Et lui-même, comme la source des lois, ne peut rien faire d'injuste.

De tous les crimes que peut commettre une société politique, le meurtre du souverain est le plus grand. L'homme imbu des idées de droit, est saisi d'horreur au souvenir des régicides solennels de Charles Ier et de Louis XVI. Mais quelle est la raison de ce sentiment, qui n'est point ici de la commisération, un effet de l'imagination, mais un sentiment moral résultant du renversement de toutes les idées de droit? C'est qu'on regarde ce crime comme immortel et inexpiable, semblable à ce péché dont les théologiens disent qu'il ne peut être remis ni en ce monde, ni en l'autre. C'est que le meurtre d'un roi est le complet renversement des principes du rapport entre le souverain et son peuple; en sorte que la violence marche le front haut, s'érige en principe au-dessus du plus saint de tous les droits, et ressemble à un gouffre qui absorbe tout sans retour.

Et cet appareil de justice dont on a l'habitude d'environner le jugement d'un roi accusé, ces défenseurs qu'on lui donne et qui cherchant des juges ne trouvent que des ennemis, ces voix qu'on recueille en délibérant sous des poignards, tout cela n'est inventé que pour donner à un prétendu crime l'apparence de la justice du châtiment, par consé-

quent d'une raison de droit ; palliation im-
puissante, précaution hypocrite, car on ne
peut éviter l'histoire ; elle juge à son tour ;
« ET SON JUGEMENT EST CELUI DES SIÈCLES. »

CHAPITRE QUATRIÈME.

DE LA LÉGITIMITÉ ET DU DROIT DIVIN.

Cependant on peut faire au système que
nous venons de présenter une objection ; on
peut dire : sans doute, en général, il n'est
pas permis de se révolter contre les souverains ; mais cette défense ne doit s'appliquer
qu'aux souverains légitimes ; quant à ceux

qui ont usurpé, ils ne peuvent se prévaloir d'une inviolabilité qu'ils ont eux-mêmes foulée aux pieds.

L'objection est délicate et mérite d'être examinée.

Et d'abord, que doit-on entendre par LÉGITIMITÉ?

Le principe de la légitimité, de nos jours si souvent invoqué et combattu, est en soi un principe de droit politique ; mais il ne faut pas le détourner de son acception saine et raisonnable.

Un État vient de se fonder : quel en est le souverain légitime d'après le droit public et positif? Cette question ne peut évidemment se résoudre d'une manière satisfaisante pour la raison, qu'en sortant de la sphère du monde et en invoquant le principe irrécusable de l'intervention de la Providence dans les affaires humaines.

« L'origine de la puissance suprême est IMPÉNÉTRABLE, a dit un grand génie [1], et le su-

---

[1] KANT.

jet ne doit pas raisonner sur cette origine comme sur un droit controversé, par rapport à l'obéissance qu'il lui doit. Qu'un contrat de soumission civile ait eu lieu comme un fait, ou que le pouvoir ait précédé et que la loi soit seulement venue ensuite, ou qu'il en ait dû être ainsi, ce sont là, pour le peuple, des disputes vaines et téméraires, et néanmoins dangereuses pour la cité ; car si le sujet, qui scrute maintenant cette dernière origine, voulait résister à l'autorité existante, il devrait être puni ou banni au nom des lois de cette autorité. Une loi qui est si sainte, si inviolable que c'est déjà un crime, dans la pratique, de la révoquer en doute, par conséquent d'empêcher son effet pour un instant, est représentée de telle sorte qu'elle n'est pas censée provenir des hommes, mais de quelque législateur très grand, très intègre, très saint ; et la force de sa maxime est : « TOUT MAGISTRAT VIENT DE DIEU » ; laquelle énonce non pas un *principe historique* de la constitution civile, mais une idée comme principe de raison pratique, savoir : qu'il faut obéir au pouvoir législatif actuel, quelle que puisse être son origine. »

Quand donc un gouvernement tombe et qu'un autre lui succède, ce double fait n'est pas du domaine des hommes ; il est du haut domaine de Dieu, régulateur et modérateur de toutes les sociétés humaines. Une dynastie s'élève du sein du peuple pour en être le signe, l'emblème, et pour le diriger dans sa voie ; elle sort naturellement de l'état des choses, parce qu'elle est en harmonie avec elles. C'est un des prodiges de l'organisation sociale qu'il intervienne toujours un pouvoir conforme à la société, quand le besoin s'en fait sentir. Le doigt de Dieu est là [1].

Et la preuve de ceci, c'est cette voix se-

---

[1] « Dieu ne déclare pas tous les jours ses volontés par ses prophètes touchant les rois et les monarchies qu'il élève ou qu'il détruit. Mais l'ayant fait tant de fois dans ces grands empires dont nous venons de parler, il nous montre, par ces exemples fameux, ce qu'il fait dans tous les autres ; et il apprend aux rois ces deux vérités fondamentales : premièrement, que c'est lui qui forme les royaumes pour les donner à qui il lui platt ; et secondement, qu'il sait les faire servir, dans les temps et dans l'ordre qu'il a résolu, aux desseins qu'il a sur son peuple. » — BOSSUET. — « Je ne suis responsable qu'à Dieu, » disait Louis XV au parlement de Rouen, qui avait osé lui rappeler son serment. — « Mais Dieu parle souvent par la voix des nations, » pouvait-on lui répondre.

crète, puissante, mystérieuse, qui s'élève du sein des peuples pour donner son consentement. Non seulement la nation obéit, mais elle obéit avec amour. Les factions vaincues par l'admiration se taisent autour de la dynastie nouvelle. Appuyée sur l'assentiment de la majorité, elle résiste aux attaques des passions ennemies. La société, d'abord émue d'une révolution, reprend son calme, continue paisiblement sa mission, s'avance graduellement, dans la plénitude de sa liberté, vers l'accomplissement de ses destinées. Le temps s'écoule : «au dedans, tout est tranquille ; les magistratures conservent les mêmes noms;» la génération se renouvelle, et comme dit Tacite en parlant des causes auxquelles Auguste dut le long repos de son gouvernement, « la jeunesse romaine était née depuis la bataille d'Actium, la plupart des vieillards au milieu des guerres civiles : combien peu en était-il qui eussent vu la république [1] !»

[1] *« Domi res tranquillæ : eadem magistratuum vocabula. Juniores post Actiacam victoriam, etiam senes plerique inter bella civium nati ; quotusquisque reliquus qui rempublicam vidisset! »*

Or, le souverain que cette société s'est donné, est, à notre sens, le souverain véritablement légitime et sacré qui a acquis le droit positif de transmettre héréditairement la couronne à sa race. L'usurpateur, ce n'est pas ce chef, mais bien plutôt celui qui avait voulu régner en méprisant le vœu du peuple, régner par des lois sans analogie avec les besoins, les idées, la civilisation de ce peuple.

Lorsqu'un gouvernement a déjà existé pendant de longues années et que les hommes ont joui sous sa protection d'une tranquillité réelle ; lorsque, par l'esprit général des institutions, chacun des membres de la société a pu travailler librement à son propre bonheur, et n'a pas été inquiété dans la jouissance des principes essentiels de la nature humaine, la liberté, l'égalité, la sûreté, c'est une preuve que les principes qui lui servent de base, qui l'ont créé et le soutiennent contre le mécontentement des partis, sont en harmonie entre eux ; c'est une preuve que les nouvelles institutions qui y ont été introduites ont dû être en rapport avec les lois et les usages existants. Sans cela, il eût été impossible que le gouvernement, eût-il tous les priviléges de la force, n'eût pas succombé. Que quelque institution contraire à l'esprit général de toutes les autres vienne à surgir, elle tombera bientôt en désuétude; celles-là seules subsisteront qui s'accordent avec la tendance génér 'e. « *Quæ usu obtinuere*, dit Bacon, *si non bona, at saltem apta inter se sunt.* »

Et si, par une de ces faveurs que Dieu accorde quelquefois aux peuples qu'il aime, le souverain est une de ces natures privilégiées qui ont reçu le génie de la sagesse, un de ces grands caractères qui, seuls, valent une constitution; si sa jeunesse, comme préparation à ses destinées futures, a été trempée dans l'exil et le malheur par les discordes civiles, alors Dieu ne fait que le montrer au peuple, et soudain il s'élève un murmure spontané d'adhésion qui constate le consentement le plus manifeste et le plus unanime qui fut jamais. Les mœurs reprennent subitement leur pente naturelle, les institutions et la dynastie nouvelle étendent ensemble leurs racines sur le sol de la société naguère mouvant, maintenant raffermi. Le peuple se repose dans une tranquillité complète, parce qu'il regarde l'ordre nouveau comme ayant conquis une légitimité irrévocable par la solution du grand problème : L'ALLIANCE DE LA MONARCHIE ET DE LA LIBERTÉ. C'est ainsi que, dans les desseins de la Providence, l'histoire de la vie publique des peuples n'est, le plus souvent, que l'histoire de la vie privée de quelques hommes écrite en caractères plus éclatants [1].

[1] Si Henri IV, le cardinal de Richelieu, Louis XIV avaient été Espagnols, et si Philippe II, Philippe III et Charles II eussent été Français, l'histoire de ces deux nations aurait présenté un tout autre spectacle. Les grands hommes ne sont que la personnification de leur époque. L'histoire de France, dans les quinze premières années de ce siècle, est-elle autre chose que l'histoire de Napoléon? Que sera l'histoire depuis 1830, sinon l'histoire de Louis-Philippe? La paix a ses héros comme la guerre a les siens, et l'humanité reconnaissante et saisie d'un saint respect, s'incline devant les uns comme devant les autres. Il est des époques où la civilisation ne marche que par la guerre, comme il en est d'autres où elle n'avance que par la paix. Les dynasties fondées par la paix restent; les dynasties fondées par la guerre ont rarement une longue durée.

CHAPITRE CINQUIÈME.

PHILOSOPHIE DE L'HISTOIRE.

Du principe que l'établissement de la souveraineté du droit est le but de l'État, il suit que cet État doit être saint, et que toute opposition faite au souverain à qui a été donnée la mission de diriger, sous la responsabilité de ses ministres, les forces de la société politique vers son but, est immorale et illégitime. Il n'est pas pénétré du véritable esprit social, celui qui, ne songeant qu'à ses passions, brave tous les périls pour les satisfaire, et ne recule pas devant la révolte lorsqu'il s'agit de réaliser ce qui à ses yeux est un progrès pour l'humanité. Sans doute il faut que l'humanité marche ; sans doute il faut qu'elle atteigne son anoblissement véritable, et qu'elle arrive au moment où les liens de l'État ne seront plus utiles pour retenir les hommes dans les bornes de la justice, heure sainte où la législation extérieure ne sera plus nécessaire, où la liberté et la vertu régneront par elles-mêmes ; mais ce n'est pas par les révolutions qu'un pareil évènement doit s'accomplir : l'humanité y parviendra par sa force intrinsèque seule. N'est-elle pas en effet essentiellement, fatalement progressive ? Ne l'avons-nous pas vue passer successivement, et par sa loi naturelle d'évolution, de l'état nomade à l'état social, et de celui-ci à l'état politique ? Si elle restait toujours dans cette situation primitive que l'on nous représente sous l'image d'hommes sauvages livrés à un combat permanent, au milieu duquel l'intérêt personnel étouffe tout effort vers un but plus élevé, alors une éternelle barbarie eût été son partage, car ce n'est que par le repos extérieur qu'elle peut atteindre au perfectionnement. Or, c'est l'État qui assure à l'homme une position libre de toute crainte, et le dégageant du soin exclusif de sa conservation, le rend par là capable de travailler à sa propre culture. C'est l'État qui fait qu'il ne limite pas son regard au présent, mais qu'il l'étend vaste et animé sur les siècles à venir et sur les races qui s'élèveront sur les cendres de la génération actuelle [1].

L'humanité va se perfectionnant sans cesse, et chaque génération transmet à l'autre un degré plus élevé de culture. Le progrès moral et scientifique se perpétue de

---

[1] Dans le développement général de l'humanité, il y a trois facteurs à considérer : 1° la somme d'activité que chaque individu apporte à l'ensemble ; 2° la somme que tous les individus existant en même temps déposent dans une génération ; 3° la somme que toutes les générations apportent successivement dans le monde de l'histoire. Ces sommes réunies sont les innombrables reflets que forment les talents, les sentiments, les désirs, les principes, les droits, les devoirs, les vices, les vertus des hommes, réalisés dans la vie du temps.

cette manière, et va de ceux qui s'en vont
à ceux qui arrivent, et la race humaine ne
peut reculer, quel que soit l'obstacle qui s'oppose à ce bienfaisant progrès. Interrogeons
l'histoire, et nous verrons qu'il n'est pas une
époque où le progrès ait perdu son temps,
une époque nulle pour l'avancement maté-
riel ou moral de l'humanité. Il est vrai que
quelquefois l'humanité a semblé rétrograder ; mais cela n'était qu'une illusion prove-
nant de quelque cause accidentelle et passa-
gère, qui a empêché un siècle de pouvoir
transmettre à l'autre la mesure de son perfectionnement. Bientôt le progrès a repris sa
place avec de nouvelles forces acquises en
reculant. Il y a eu point d'arrêt, retard mo-
mentané, voilà tout. Et si nous cherchons
les causes qui ont amené cette situation anor-
male, nous trouvons qu'aucune d'elles n'a
été plus puissante que la dissolution des liens
de la société civile et de l'État politique. Vien-
nent-ils à se séparer l'un de l'autre, aussitôt
l'égoïsme individuel reprend son empire ;
un sentiment continuel de crainte limite le
regard et l'intérêt de l'homme aux bornes de
la vie actuelle, et il est incapable de ce noble zèle pour les races à venir, par lequel

seul l'humanité peut atteindre son plus haut degré de civilisation.

L'État est une condition indispensable pour préparer la transmission de la culture de génération en génération, et c'est lui qui fait que les générations se succèdent avec calme et semblent se tenir par la main. Et cette culture physique, intellectuelle et morale qui constitue en partie la destination de la race humaine, ne peut se concevoir sans le travail mystérieux des générations. La constitution politique ne doit pas avoir seulement en vue les besoins d'une génération, mais encore elle doit embrasser une incommensurable suite de générations. C'est par là qu'elle assure sa durée. Les descendants doivent être forcés de demeurer dans la constitution politique que leurs ancêtres formèrent et promirent de maintenir. Aucun État ne pourrait exister si les vivants n'étaient tenus de l'observer à la place des morts.

CHAPITRE SIXIÈME.

DES GOUVERNEMENTS LES PLUS EXPOSÉS AUX RÉVOLUTIONS.

La constitution d'un peuple doit donner un libre accès au progrès de la culture de ce peuple. Quand il en est ainsi, les révolutions se font d'elles-mêmes, par les voies de droit, et elles ne sont autre chose que les changements que la toute puissance du temps

et des idées amène sans ou même contre la
volonté de l'homme. La société politique
tend avec tant de force au progrès, qu'elle
ne peut être arrêtée dans sa marche, même
par les obstacles que lui opposeraient des
institutions rétrogrades.

Toutefois, la question : quand et comment
un changement peut-il se produire? mérite
l'examen le plus réfléchi. Si, en général, les
lois ne peuvent être changées légèrement,
en particulier, ne doit-on pas se faire des
lois de la constitution un jeu facile. Car l'œil
le plus exercé ne peut pas prévoir souvent
si le changement d'une loi constitutionnelle
ne conduira pas au changement d'une autre
loi, ou même au changement entier de la
constitution. Ceux qui, dans la Grande-Bre-
tagne, amenèrent l'union du parlement irlan-
dais avec le parlement anglais, et ensuite
l'émancipation des catholiques, prévirent-ils
toutes les conséquences que ces innovations
auraient dans l'avenir? Personne ne peut,
personne ne doit, dans des cas de cette nature, se flatter de pouvoir dire au flot dont
on a brisé les digues : Tu viendras jusqu'ici
et tu n'iras pas plus loin.

On doit donc se conduire avec une grande circonspection, quand il s'agit du changement d'une constitution qui fut, pendant une longue suite d'années, en force et en activité chez un peuple. Car, dans la marche du temps, les parties se sont, pour ainsi parler, tellement engrenées, que, quand on touche à l'une, on risque d'ébranler l'autre. Et le peuple peut s'être identifié avec elle, à un tel degré que, s'il est désorienté en ce qui concerne la constitution, il le devient aussi en ce qui concerne les devoirs du sujet.

Le but supérieur de tout homme d'État doit être de diriger et d'accélérer autant que possible le progrès; mais il ne faut jamais oublier que les changements considérables dans l'ordre établi, ne sauraient que bien rarement être effectués immédiatement et directement par des règlements politiques, et qu'ils sont, dans tous les cas, et plus heureux et plus durables lorsqu'ils sont amenés graduellement par des causes naturelles, délivrées des obstacles qui gênaient d'abord leur action. A la vérité, dans les gouvernements de l'Europe moderne, il est beaucoup plus nécessaire d'abolir d'anciennes institu-

tions, que d'en introduire de nouvelles ; et
si les réformes étaient entreprises avec fermeté, et restreintes dans leur marche aux
justes nécessités des circonstances et des
idées, on verrait s'établir d'elles-mêmes, sans
convulsion aucune, les bases essentielles de
l'ordre de choses le plus conforme au temps.

Les réformes sont plus ou moins délicates
selon la diversité des constitutions. Le gouvernement d'un seul a l'avantage, sur toutes
les autres constitutions, de rendre les réformes moins à craindre. Car dans ce cas, l'entreprise est conduite avec plus de prudence ;
la main qui peut opposer des limites à cette
ardeur insatiable d'innovations, contre laquelle c'est le devoir de tout gouvernement de résister, peut agir avec plus de
liberté. Aussi est-il plus facile de changer le
gouvernement de tous en gouvernement
d'un seul, que de transformer le gouvernement d'un seul en gouvernement de tous,
et de fonder une constitution démocratique.

Mais, sous aucun prétexte, quand une réforme est devenue urgente, indispensable à

la société politique, on ne doit faire dégé-
nérer la circonspection en timidité. Il faut
prendre garde à ceux qui, par impuissance
d'esprit, ou par des vues intéressées, préten-
dent que ce qui est le plus ancien est le meilleur.

Il y a des hommes à vue étroite, à con-
ception courte, qui, sans mauvaise inten-
tion, traitent de folie et de chimère tout ce
qui est nouveau, et regardent toute tentative
pour sortir de la route battue, comme un
effort téméraire d'une imagination échauffée,
ou comme une brillante spéculation d'un
esprit exalté, qui peut séduire et éblouir un
instant, sans produire jamais aucun avantage réel et durable. Ces hommes se font
gloire de leur perpétuel scepticisme ; de ne
croire qu'à leur propre opinion ; de demander des démonstrations de ce qui ne peut
être démontré, ou de ne pas se rendre lorsqu'on leur en donne ; d'inventer des arguments contre la réussite de toute entreprise
nouvelle, ou à défaut d'arguments, de la
couvrir de mépris ou de ridicule. Ce sont
ces hommes qui ont été les plus dangereux
adversaires des grands bienfaiteurs de l'hu-

manité ; car leurs idées et leurs discours vont si bien aux paresseux, aux envieux et aux lâches, qu'ils manquent rarement de devenir populaires et de diriger les opinions du monde.

Une fois qu'il est reconnu qu'une réforme est nécessaire, on ne peut trop tôt mettre la main à l'œuvre, et l'on doit choisir le temps où le gouvernement, ferme sur sa base, a assez de force pour la réaliser sans trouble. Sous ces conditions, les réformes sont le meilleur moyen d'empêcher les révolutions.

«Les révolutions violentes, a dit un ingénieux philosophe, qui ont, à diverses reprises, bouleversé l'Europe moderne, ont été produites non par l'esprit novateur des souverains et des hommes d'État, mais par leur supertitieux attachement à des formes vieillies et à des principes empruntés aux siècles les moins éclairés. C'est ce respect pour les abus que le temps a sanctionnés, joint à l'ignorance des progrès de l'opinion publique, qui a le plus souvent aveuglé les chefs de la société, jusqu'à ce qu'enfin le gouvernement a perdu toute son autorité, et que la fureur des innovations est devenue trop générale et trop violente pour se contenter des changements qui, proposés à une autre époque, auraient réuni, pour la défense des institutions établies, tous les amis de l'ordre et de la prospérité du pays [1]. »

---

[1] Ces réflexions de Dugald-Stewart sont contenues en substance dans les aphorismes suivants de Bacon, philosophe qui a eu, plus que tout autre, une juste idée des progrès auxquels peut prétendre le genre humain, et dont la renommée a grandi avec le temps, parce qu'il ne s'est pas attaché à des systèmes particuliers et variables, mais au progrès général et infaillible de la raison :

« *Quis novator tempus imitatur, quod novationes ita insinuat, ut sensus fallant?* »

« *Novator maximus tempus; quidni igitur tempus imitemur?* »

« *Morosa morum retentio, res turbulenta est, æque ac novitas.* »

Tacite, l'historien-philosophe, dit aussi quelque part avec son admirable précision : « *Opportunos magnis conatibus transitus rerum, nec cunctatione opus, ubi perniciosior sit quies quam temeritas.* »

Et les évènements heureux que l'on attribue à la force individuelle de quelques hommes, ne proviennent le plus souvent que de la force générale de l'esprit du temps; aussi quand le chancelier Oxenstiern envoya son fils représenter dans un congrès d'ambassadeurs, ce jeune homme lui laissa voir combien il se défiait de sa capacité pour remplir un si haut emploi. « Allez, mon fils, lui dit le chancelier, allez voir com-

Mais en général, on doit attendre les réformes de l'initiative des gouvernements; rarement celles qui sont provoquées par d'autres que par lui, obtiennent l'assentiment de l'opinion publique.

Par une révolution, la forme de gouvernement peut être changée de deux manières : ou par le changement du chef de l'État, ou par le changement de la forme du gouvernement. Cependant l'un et l'autre se tiennent de si près, qu'une révolution qui semble n'en vouloir souvent qu'à la constitution, atteint le plus souvent le chef de l'État. La révolution qui, à la place du directoire en France, plaça le consulat, n'avait trait en apparence qu'à la constitution du gouvernement; mais, chose inévitable, de là sortit bientôt l'Empire.

Une constitution peut succomber soit de-

bien est facile la sagesse qui gouverne le monde. » Souvent en effet, il ne s'agit, dans les conseils des princes, que d'enregistrer les volontés exprimées hautement et clairement par son siècle.

vant un ennemi extérieur, soit devant un ennemi intérieur.

Des révolutions qui se font par un ennemi extérieur, on peut dire ce qui suit :

Considérées du point de vue du droit et de la morale, ces révolutions sont injustes, illégitimes et grosses des plus grands malheurs. Elles ont des horreurs qui leur sont propres; elles ne viennent pas du peuple, ni de la situation de la société civile et politique, ni des suffrages d'un parti déjà dominant dans l'État; elles s'imposent à un peuple de la part d'un ennemi et dans l'intérêt de cet ennemi; elles sont des œuvres artificielles et d'autant plus fatales qu'elles sont contraires à la nature des choses. L'ennemi cherche alors à se faire un parti dans le peuple et parmi les plus mauvais citoyens. Ce qu'il y a de plus impur dans la société politique, forme d'ordinaire ce parti. S'il trouve déjà dans le peuple un parti qui soit prêt à s'attacher à lui, il le rabaisse jusqu'à en faire son instrument, et alors ce parti, odieux à tous, ravalé dans l'opinion publique, est considéré comme l'allié de l'ennemi et comme traître à la patrie. Tout ce qu'il fait, même le bien, tombe sous l'application des paroles du poète : « *Timeo Danaos et dona ferentes.*» Et souvent c'est le petit nombre qui domine et commande à la majorité par l'intimidation de la force. Mais que dans la suite la fortune des armes change ; que l'ennemi soit repoussé, que l'ancien ordre de choses soit rétabli, alors les réactions ne peuvent pas manquer de se produire ; alors le parti victorieux, à son tour, ne verra plus seulement dans ses adversaires des ennemis, mais encore des traîtres ; alors une révolution encore plus violente, plus oppressive, sort de la première révolution ; c'est la réaction de la réaction. L'ancienne haine, l'ancienne querelle, les souvenirs de l'ancienne injustice redoublent d'amertume, et la nation se débat au milieu des horreurs de la guerre civile et de l'anarchie.

Les révolutions qui s'opèrent par un ennemi intérieur, pour être fatales à l'État, n'offrent pas d'aussi graves dangers. Elles se font lentement, s'exécutent en secret, et sous l'empire d'occasions favorables. Rares et pour ainsi dire impossibles dans les mo-

narchies représentatives, elles sont très
communes dans les États où les pouvoirs ne
sont pas bien déterminés, où le souverain
exerce seul la puissance exécutive et législative. Le stimulant aux révolutions repose
dans l'essence même d'une telle constitution.
Pour colorer sa tentative, le monarque commence par accuser la constitution d'impuissance, et peu à peu il absorbe tout le pouvoir. Ce fut de cette manière qu'en France,
la monarchie limitée par les États-Généraux
finit par les supprimer et par se changer en
monarchie absolue. Quelquefois aussi, ces révolutions se produisent soudainement et par
un coup d'état. Ainsi en arriva-t-il en Danemarck, où fut fondée la constitution qui
existe encore. Toutefois, cette voie est la
plus dangereuse. Les premières peuvent accepter un point d'arrêt, et un retour est possible ; les dernières conduisent souvent ou
au triomphe ou à l'abîme.

La démocratie est peut-être la forme de
gouvernement qui a le plus à craindre pour
sa durée et qui est le plus exposée aux révolutions, car elle a moins en soi la force de
poser des limites à l'ambition et à la soif de

pouvoirs de quelques-uns, ou d'empêcher que les partis sous l'abri desquels elle peut se développer, dégénèrent en factions.

La multitude est toujours extrême; elle menace si elle ne tremble. Elle est toujours portée à confondre les formes républicaines avec la jouissance des droits et le despotisme du grand nombre avec la liberté.» Là lutte secrète, inhérente à l'esprit humain, qui existe partout entre les pauvres et les riches, peut plus facilement dans la constitution démocratique que partout ailleurs, tourner en une guerre civile. Ordinairement, cette guerre finit par la domination d'un seul, et souvent, c'est le chef des plus riches qui remporte la victoire. Les hommes se sont préparés eux-mêmes à la servitude.

Quant aux moyens que doit employer ce nouveau chef de parti pour changer la démocratie en autocratie, rien ne nous les dit mieux que l'histoire d'Auguste et l'histoire de Napoléon. Tous les deux furent des modèles dans l'art de cacher les innovations au peuple et de les lui faire accepter; tous les deux prouvèrent d'une manière éclatante la vérité

de cette ingénieuse et profonde remarque de
Hobbes, que « LA DÉMOCRATIE N'EST QU'UNE ARIS-
TOCRATIE DE QUELQUES ORATEURS, INTERROMPUE
DE TEMPS EN TEMPS PAR LA MONARCHIE D'UN
SEUL [1]. »

Les ennemis que peut avoir une constitution
démocratique, sont aussi différents que les
fondements que peut avoir la puissance d'une
aristocratie. Cependant, cette dernière constitution se tient plus ferme que la démocratie.
Car le plus petit nombre s'unit plus étroite-
ment que le grand nombre, pour prendre
part à la direction du gouvernement. Mais
tôt ou tard, du sein de l'aristocratie s'élève

---

[1] Il est vrai de dire que la liberté de la presse contribue
puissamment à réprimer la turbulence de l'esprit démocratique, en diminuant l'influence de l'éloquence populaire.
Dans les républiques de l'antiquité, la parole des démagogues était un dangereux instrument de faction, puisqu'elle
aspirait à gouverner les peuples au moyen de son empire absolu dans les assemblées ; mais aujourd'hui que les discours
des orateurs sont soumis, par l'impression, au tribunal d'un
siècle critique, l'éloquence politique est forcée d'accorder
son ton sur l'esprit du temps ; et si elle veut conserver de
l'ascendant sur les affaires humaines, ce ne peut être qu'en
prêtant son appui à la grande cause et aux intérêts perma-
nents de la monarchie et de la liberté.

une tête qui veut dominer par une supériorité quelconque, et la révolution se fait.

Incontestablement, la forme de gouvernement la moins sujette aux révolutions, c'est la
monarchie représentative, qui établit la pon-
dération des pouvoirs. En effet, le peuple y
est représenté par des mandataires à divers
degrés, et il a en eux des garants de sa liberté. Et là où il existe une constitution ainsi
organisée que le peuple puisse légitimement
résister au souverain et à ses représentants,
les ministres, il n'y a, il ne peut y avoir aucune action de la part du peuple volontaire-
ment réuni, pour contraindre le gouvernement à une certaine action, car alors le peuple aurait le pouvoir exécutif, ce qui détruirait l'ordre. Il peut y avoir seulement résistance négative du peuple par l'organe de ses
représentants, résistance légale tendant à ne
pas toujours consentir à toutes les demandes
que le gouvernement fait au nom de l'État,
résistance morale et légitime, et dont le défaut attesterait la dépravation du peuple,
la vénalité de ses représentants, le despotisme du souverain et la trahison de ses ministres envers leur pays.

Oh! que n'avons-nous la voix assez puissante pour faire passer dans l'esprit des nations la conviction qui nous anime! Avec confiance, nous engagerions tous les peuples à s'attacher à cette admirable forme de gouvernement, qui répond si bien aux besoins mêmes de l'esprit humain, et approche le plus de l'idéal de la vérité et de la justice. Avec elle, et sous sa protection, on voit s'agrandir le cercle de la science et de la civilisation, se distribuer avec plus d'égalité entre les membres de la communauté les avantages de l'union sociale, et s'augmenter le nombre de ceux qui sentent le prix des sages institutions, et qui sont intéressés à les défendre.

[texte effacé]

CHAPITRE SEPTIÈME.

OBJECTION ET RÉPONSE.

Cependant on nous oppose l'histoire et l'on nous montre des révolutions bienfaisantes qui ont été la source de la liberté des peuples, et l'on nous dit qu'à elles seules il est donné de développer le sentiment de la liberté, de telle sorte qu'il faudrait en con-

clure que les révolutions en général sont morales et légitimes, et qu'un peuple doit avoir
le droit de faire des révolutions pour instituer une constitution qui réponde à son degré actuel de culture.

Certes, il est loin de nos principes de nier
qu'il est des améliorations que le temps demande impérieusement d'introduire dans la
constitution politique ; mais cela ne peut-il
avoir lieu qu'au moyen des révolutions ? Les
réformes ne conduisent-elles pas plus sûre-
ment, plus simplement à ce but? Les horreurs de l'anarchie qui accompagnent inévi-
tablement la plupart des révolutions, sont
un vaste tombeau pour les arts, les sciences,
l'industrie, la sociabilité. L'influence meur-
trière des démagogues enflammés de passions sauvages, pèse sur la nation; la liberté, la propriété ne sont plus que de vains
mots ; le sentiment de la justice semble être
banni des cœurs. Ce n'est là, dira-t-on, qu'un
état passager qu'il faut traverser pour parvenir à une réforme sociale, et le but doit
sanctifier les moyens. Mais le voleur qui dé-
robe le bien d'autrui pour nourrir son vieux
père qui a faim, a sans doute, lui aussi, un but

louable ; or, est-ce à dire pour cela que le moyen qu'il emploie soit légitime ? Qu'est-ce qui prouve qu'il n'avait pas la possibilité d'arriver à ce but par d'autres voies, par les voies de droit [1]?

[1] Il faut tout attendre du triomphe définitif et infaillible de la liberté et de la vérité sur l'erreur et l'injustice, et repousser tous les projets de réforme fondés sur la violence et l'effusion du sang. « Si l'on attaque les oppresseurs avant d'éclairer les opprimés, a dit Condorcet, on court le risque de perdre la liberté, et on les pousse à mettre obstacle aux progrès de la raison. L'histoire fournit des preuves de cette vérité. Combien de fois, en dépit des efforts des amis de la liberté, une seule bataille a réduit une nation à l'esclavage pour des siècles ! Et quelle est, d'ailleurs, la liberté dont jouissent les nations qui l'ont recouvrée par la force des armes, et non par l'influence de la philosophie ? N'ont-elles pas, presque toutes, confondu les formes républicaines avec la jouissance des droits, et le despotisme du grand nombre avec la liberté ? Nombre de lois contraires aux droits de la nature, ont déshonoré le code des peuples qui ont reconquis leur liberté pendant ces siècles où la raison était encore dans son enfance ; pourquoi ne pas profiter de cette funeste expérience, et ne pas sagement attendre du seul progrès des lumières, une liberté plus réelle, plus substantielle et plus pacifique ? Pourquoi la poursuivre à travers le sang et le désordre, et confier au hasard ce que le temps doit nous donner certainement et sans effusion de sang ? Sans doute, un effort heureux pourrait nous délivrer de beaucoup de maux qui nous travaillent ; mais si nous voulons assurer le progrès et le maintien de la liberté, nous de-

Le moyen d'obtenir la satisfaction des

vous attendre patiemment l'époque où les hommes, débar-
rassés de leurs préjugés, et conduits par la philosophie,
seront dignes de la liberté, en comprenant ce qu'elle exige. »
« Et ce n'est pas, ajoute un philosophe moderne, ce n'est pas
seulement à l'emploi de la violence et des moyens sangui-
naires en politique, que cette philosophie éclairée et humaine a voulu mettre obstacle : en étendant nos vues sur
l'ensemble de la société civile et en montrant les rapports
mutuels de toutes ses parties, elle ne peut manquer de réprimer cette haine irréfléchie contre les anciennes institutions qu'engendre une vue incomplète du système social, et
d'inspirer en même temps un certain degré de scepticisme à
l'égard de la valeur de tout changement dont le succès n'est
pas assuré par les idées et les mœurs de l'époque. Les projets de réforme téméraires et inconsidérés, sont souvent
le fruit d'esprits nets, logiques et systématiques, mais jamais d'un esprit étendu. Aussi, pour les réprimer, rien ne
saurait être plus efficace qu'une vue générale de la struc-
ture compliquée de la société. Ce coup-d'œil, même en le
supposant superficiel, serait encore plus utile, pourvu qu'il
se fît sur une grande échelle, que les recherches les plus mi-
nutieuses et les plus satisfaisantes, circonscrites dans un
code étroit. Et s'il ne nous apprenait rien de plus, il nous
instruirait du moins de l'extrême difficulté qu'il y a à prévoir avec sûreté les effets éloignés des nouvelles institutions,
et nous convaincrait que la sagesse politique ne consiste pas
à embarrasser la machine de l'État de nouveaux rouages
pour obvier à des inconvénients partiels, mais à écarter
graduellement et insensiblement les obstacles qui troublent
l'ordre de la nature, et à greffer nos institutions sur les
siennes, comme le dit quelque part Addison. »

besoins physiques, moraux et intellectuels
d'une nation, nous l'avons dit, ce sont les
réformes. Et partout où il existe une constitution politique quelconque, les réformes
peuvent s'accomplir. Nous n'en exceptons
même pas les peuples gouvernés par le despotisme, car ils font, eux aussi, partie de
l'humanité, et la tâche de l'humanité n'est
pas de reculer, mais d'avancer ; l'immobilité
pour elle serait la mort. Or, il arrive une
époque où certaines idées, plus puissantes
qu'elle, s'emparent de l'humanité ; un invisible
esprit la saisit, l'anime et l'entraîne dans
une voie où toute résistance devient impossible. Ce fut dans la même année et presque
au même jour qu'Athènes élevait des statues
à Harmodius et à Aristogiton, et que Rome
fondait cette république qui devait renouve-
ler la face du monde. L'humanité sortait de
l'âge d'enfance pour passer à l'âge de jeunesse.

Un despote n'est pas le maître de l'esprit
d'une nation ; il faut qu'il marche avec elle.
Chaque peuple peut, par degrés insensibles
en apparence, mais très marqués au fond,
arriver à une constitution qui soit conforme

aux lumières du temps et qui résume la mesure de civilisation qu'il a acquise. Aussi longtemps qu'un peuple est mineur, un despotisme doux et organisateur lui convient mieux que toute autre chose, car ne serait-il pas imprudent de donner à un peuple non éclairé l'administration en main? Jetons un regard sur les nations actuelles de l'Europe; pourrait-on jamais conseiller de leur donner à toutes une constitution égale? Et ce qui fait la supériorité des hommes d'état philosophes, c'est le talent de découvrir la constitution qui convient le mieux à chaque peuple. C'est à eux qu'est donnée la sainte mission de tuer les révolutions, en opérant des réformes sagement conçues, sagement exécutées.

CHAPITRE HUITIÈME.

DES RÉVOLUTIONS MORALES ET LÉGITIMES.

Toute révolution est donc un crime?.... Non, il y a des révolutions légitimes aux yeux de la raison, et saintes aux yeux de Dieu. Mais, nous le déclarons hautement, nous faisons, sur ce point, une bien petite part aux hommes, et nous croyons qu'ils ne sont le plus souvent, sans le savoir, que les instruments de cette Providence dont le pouvoir suprême fait et défait les empires, et qui laisse, à son gré, tomber sur le monde ou la paix ou la guerre.

« Il faut toujours en venir là, dit un écrivain[1]; il y a quelque chose de divin, disons davantage, il n'y a rien que de divin dans les maladies qui travaillent les États. Ces dispositions et ces humeurs, cette fièvre chaude de rébellion, cette léthargie de servitude, viennent de plus haut qu'on ne s'imagine. Dieu est le poète et les hommes ne sont que les acteurs : ces grandes pièces qui se jouent sur la terre ont été composées dans le ciel, et c'est souvent un faquin qui en doit être l'Atrée ou l'Agamemnon. Quand la Providence a quelque dessein, il ne lui importe guère de quels instruments et de quels moyens elle se serve. Entre ses mains, tout est foudre, tout est tempête, tout est déluge, tout est Alexandre, tout est César : elle peut faire par un

[1] GUEZ DE BALZAC.

enfant, par un nain, par un eunuque, ce qu'elle a fait par les géants et par les héros, par les hommes extraordinaires. Dieu dit lui-même de ces gens-là, qu'il les envoie en sa colère, et qu'ils sont les verges de sa fureur. Mais ne prenez pas ici l'un pour l'autre. Les verges ne piquent ni ne mordent d'elles-mêmes, ne frappent ni ne blessent toutes seules. C'est l'envoi, c'est la colère, c'est la fureur qui rendent les verges terribles et redoutables. Cette main invisible, ce bras qui ne paraît pas, donnent les coups que le monde sent. Il y a bien je ne sais quelle hardiesse qui menace de la part de l'homme, mais la force qui accable, est toute de Dieu. »

Au point de vue purement humain, la légitimité des révolutions dépend de la forme de gouvernement ou de l'organisation de l'État chez un peuple. Le gouvernement est-il despotique, la révolution est légitime contre le souverain qui se refuse à accepter les réformes que le besoin général réclame. Le gouvernement est-il démocratique, toute révolution y est légitime, parce qu'elle ne fait que proclamer la volonté de la société.

Le gouvernement est-il monarchique[1], alors la révolution n'est légitime que dans deux cas :

PREMIER CAS : LORSQUE LE MONARQUE VEUT VIOLER LA LOI DE SUCCESSIBILITÉ AU TRÔNE.

Originairement, le peuple eut le droit de se choisir un souverain, et à la mort de celui-ci, de lui donner un successeur selon son caprice. On élevait un chef sur un bouclier, les framées s'agitaient, l'air retentissait d'acclamations, on le proclamait roi. Mais bientôt la succession au trône dériva d'un contrat tacite, la loi d'hérédité fut introduite, et devint un principe conservateur de la société politique.

Il n'y a pas de principe politique plus vrai, plus incontestable que celui-ci : QUE LA MONARCHIE HÉRÉDITAIRE VAUT MIEUX QUE LA MONARCHIE ÉLECTIVE. L'histoire le confirme avec éclat. Une des causes principales de la chute

---

[1] Nous entendons parler ici de la monarchie tempérée par le système représentatif.

de l'empire romain fut l'extinction de beaucoup de familles dans lesquelles la dignité de César était héréditaire (GENS JULIA ET FLAVIA). C'est à l'incertitude de son gouvernement que la Pologne doit sa perte : tantôt monarchie héréditaire, tantôt monarchie élective, tantôt république équivoque, elle n'est plus maintenant qu'une province russe, demandant en vain à tous les peuples de lui rendre la nationalité qu'elle a perdue par ses propres fautes. N'est-ce pas aux mêmes causes que la généreuse Allemagne doit son morcellement et le rang misérable qu'elle occupe dans le monde ?

La force des choses ne permet pas qu'il en soit autrement ; l'hérédité est l'image de l'éternité de l'État. Le prince héréditaire, à raison de la famille dont il sort, a, tout à la fois, un passé et un avenir. Le prince élu n'en a pas ; son existence momentanée ne se lie qu'à une loi essentiellement variable ; son gouvernement n'est qu'un accident de sa vie. Les nations, dans leur sagesse, l'ont dit : MINORI DISCRIMINE SUMI PRINCIPEM QUAM QUÆRI.

Un grand mal inhérent aux monarchies

électives, ce sont les interrègnes qui mettent en danger l'État et la constitution. Dans les monarchies héréditaires, aussitôt que le souverain n'est plus, surgit une volonté puissante qui oppose une digue infranchissable aux passions. LE ROI EST MORT, VIVE LE ROI! *Filius, ergo rex.* Au lieu que dans les monarchies électives, il faut compter avec les partis, accepter leurs conditions, se soumettre à leurs exigences, de telle manière qu'il sort de là une souveraineté bâtarde, exercée par un homme qui est plus qu'un fonctionnaire, moins qu'un monarque [1].

Dans un état monarchique, la loi d'hérédité est un principe conservateur de la liberté et de la sûreté. L'hérédité en effet est un élément de stabilité qui est un obstacle

---

[1] La loi d'hérédité a encore cet immense avantage qu'elle permet de donner aux princes une éducation conforme à leur haute destinée. Qui n'a, par exemple, conçu une magnifique espérance de ce rejeton noble et précieux, élevé par une mère sublime, et que sa naissance appelle à régner un jour sur la France? Qui ne s'est dit souvent, dans sa pensée, avec un légitime orgueil, les paroles du héros troyen prenant Astyanax dans ses bras et l'élevant vers le ciel: IL SERA AUSSI BRAVE, AUSSI GRAND, AUSSI AIMÉ QUE SON PÈRE!!!

à l'éternelle mobilité de la nature humaine, car, par elle, il se forme entre le peuple et la famille régnante un lien fort et durable, qui a ses racines dans le passé et son sommet dans l'avenir. Le peuple sent qu'il ne peut séparer l'intérêt et la grandeur de l'État de l'intérêt et de la grandeur de son monarque, lequel à son tour met toute sa gloire à transmettre à son successeur un peuple éclairé, riche, heureux et puissant. L'hérédité monarchique est donc le salut des nations [1].

[1] La papauté est une monarchie élective qui a produit une série de grands princes ; mais c'est là une exception qui s'explique par le principe religieux qui la féconde et en maintient la pureté, et peut-être aussi par le nombre très restreint des électeurs. En ce moment, la papauté répand sur le monde un grand et vif éclat dans la personne de Pie IX, qui a entrepris la sublime tâche de fermer, au moyen de sages réformes, l'abîme des révolutions. Oui, Saint-Père, c'est une noble entreprise que de chercher à sauver la société romaine de ses périls en lui donnant des institutions qui répondent à ses lumières actuelles ; faites-le donc, nous vous y convions, nous vous assisterons tous de nos sympathies, de nos vœux ; faites-le! Vous, représentant, sur la terre, de celui qui y sema, le premier, les grandes idées d'égalité et de liberté ; faites-le! Rappelez les despotes, par votre noble exemple, à l'observation des éternels principes, à la sainteté des règles ; rappelez-leur les grandes maximes de moralité, de justice, de liberté, tout ce qu'il y a de plus sacré parmi

Or, dès qu'une loi d'hérédité existe comme loi fondamentale de l'État, elle doit être observée, et il n'est pas au pouvoir d'un monarque de la briser en se donnant un successeur autre que celui que la loi appelait. Car si un roi viole la loi de succession, il viole aussi le droit dont il tient la puissance, et il anéantit par là sa propre puissance. La loi de succession est une loi fondamentale de l'État, supérieure à la puissance royale. Le peuple a donc le droit de replacer, par la violence, l'héritier légitime sur le trône, si le successeur désigné par le roi mort voulait s'emparer du gouvernement.

les hommes ; attachez-vous à cela de toute votre force, vous en avez ; de tout votre courage, vous en avez aussi ; que ce soit l'œuvre de votre pieux et fécond règne, et le monde tout entier, sans distinction de sectes, de croyances, de religions, vous applaudira. Rappelez aussi, en même temps, aux peuples que l'ordre, la morale, le respect des lois sont des choses sans lesquelles il n'y a point de salut pour les nations ; et quand ils entendront sortir ces paroles de votre bouche, si digne de les prononcer, ils vous comprendront, ils vous béniront, ils vous obéiront. Ainsi, quand, après avoir entendu votre divin Maître parler de liberté, de fraternité humaines, les Pharisiens croyant lui tendre un piége, lui demandaient quelle règle de conduite il fallait tenir vis-à-vis des puissances de la terre, il leur répondit : Rendez à César ce qui appartient à César.

Mais de même que le monarque ne peut pas arbitrairement se nommer un successeur, si une loi d'hérédité existe, de même aussi le peuple ne peut pas exclure de la successibilité au trône celui qui y est appelé par son droit, et celui-ci peut, dans ce cas, en appeler à la violence pour s'emparer du gouvernement. La première solution implique la seconde.

Cependant ce principe d'hérédité n'a de force que lorsqu'il est écrit dans une constitution; que s'il n'est fondé que sur un usage, quelque ancien qu'il soit, le despote peut le briser; et il n'a à rendre compte à personne de cet acte de puissance. Car un roi absolu peut politiquement tout [1]. D'où il suit que les

[1] Ferdinand VII, en changeant, par son testament, l'ordre de successibilité au trône d'Espagne, et en y appelant sa fille ISABELLE II, faisait un acte qui logiquement était dans la raison, et politiquement dans son droit. La loi salique était violée, dit-on. Mais on oublie que la loi salique fut une invention d'avocats au profit de Philippe V, et que, détournée par eux de son sens originaire, elle eut pour but d'écarter du trône Jeanne, qui devait succéder à son père, Louis-le-Hutin. Opposer donc la loi salique est une absurdité. Aussi les constitutions modernes ont-elles compris qu'il fallait proclamer le principe d'hérédité, et les femmes ne sont pas exclues

souverains ont intérêt à donner une constitution à leurs peuples, de manière à former avec eux un contrat qui assure leur couronne à leur race en échange des franchises et des libertés qu'ils accordent à leurs sujets.

du trône de France en vertu de la loi salique, mais en vertu d'un principe constitutionnel. (Déclaration du 7 août 1830.) Déjà le parlement de Paris, en 1787, avait proclamé que la France était une monarchie gouvernée par le roi, suivant les lois ; et que, de ces lois, plusieurs qui étaient fondamentales, embrassaient et consacraient : 1° le droit de la maison régnante au trône, de mâle en mâle, par ordre de primogéniture.... La France, par l'organe du sénat, déclara le 6 avril 1814, « que le gouvernement français était monarchique et héréditaire, de mâle en mâle, par ordre de primogéniture.» Mais l'Espagne n'avait point, au temps de Ferdinand VII, un tel droit public. Elle vivait sur la fiction de la loi salique. C'est donc un non-sens historique que de se plaindre dans ce cas de la violation de cette loi. Partant de ce principe que Ferdinand VII était un roi absolu, il faut en conclure qu'il avait le droit de disposer de la couronne, qui était sa chose propre, de par le consentement tacite de la nation, qui n'avait point fait valoir ses droits à une constitution limitative du pouvoir royal. Et d'ailleurs, quand on songe aux conséquences politiques du testament de Ferdinand VII, on ne peut que se féliciter d'un acte qui a appelé une grande et généreuse nation à la vie politique, et l'a élevée, à l'un des premiers rangs en Europe. Grâces en soient rendues à la haute sagesse de cette reine, si grande et tant calomniée, qui donna le *statut royal*, et porta avec un admirable courage le poids de la couronne au milieu des factions déchaînées !

Là où il n'y a pas de loi fondamentale de l'État, l'hérédité n'est pas élevée à la dignité et à la sainteté d'un droit ; c'est un fait, une coutume si l'on veut, qui n'a pour elle d'autre appui, d'autre sanction que l'indifférence ou la force.

Ainsi, dans la monarchie représentative qui vit à l'abri tutélaire d'une constitution, l'hérédité est un principe aussi sacré, aussi inviolable que la puissance même du prince. L'atteinte qui y serait portée serait considérée comme un crime de haute trahison.

DEUXIÈME CAS : LORSQUE LE SOUVERAIN VEUT RÉGNER CONTRAIREMENT AUX LOIS FONDAMENTALES.

Nous avons dit qu'il ne pouvait dépendre du souverain de suspendre les lois fondamentales de la société, car s'il avait ce droit, il serait vrai de dire que les membres de la société auraient ainsi donné au souverain les moyens d'empêcher cette société d'atteindre son but, ce qui serait absurde. Aussitôt donc que le souverain viole ouvertement les lois fondamentales de la société, il cesse par là d'être chef légal, le contrat est rompu, et le lien de droit qui obligeait les sujets à l'obéissance envers lui, est détruit. Celui qui fut le souverain est devenu un parjure ; dès lors ceux qui furent ses sujets ne sont pas des rebelles parce qu'ils ne veulent pas devenir la proie de sa perfidie.

Mais il s'agit de savoir ce que l'on doit entendre par les lois fondamentales d'un État.

Et d'abord, constatons ce fait qu'en ce qui touche les gouvernements monarchiques, qu'il n'y a de lois fondamentales, c'est-à-dire de constitutions, que dans les monarchies tempérées par le système représentatif. La monarchie absolue ne peut en avoir ; elles seraient contradictoires avec son essence même. En effet, dans la monarchie absolue, le souverain réunit en lui l'autorité législative et exécutive ; il est la loi vivante ; il concentre tous les pouvoirs ; la loi n'a d'autre existence que celle qu'il veut bien lui donner ; dès lors il n'y a pas de loi fondamentale.

On doit donc entendre par loi fondamentale, cette loi en vertu de laquelle tous les pouvoirs de la société ont reçu une organisation régulière. Ainsi, les constitutions qui déterminent la nature du gouvernement, répartissent le pouvoir dans la société politique selon les droits de tous, et assurent la liberté, l'égalité, la sûreté par les garanties qu'elles stipulent, sont des lois fondamentales d'un État.

Ces lois, le souverain est obligé de les respecter, parce qu'elles sont antérieures à sa puissance et la source même de sa puissance ; parce qu'elles ont été faites pour assurer la destinée de la société politique qui est de fonder sur la terre la souveraineté du droit ; parce que c'est d'elles que le prince a juré le maintien, et qu'en entendant ce serment solennel, les peuples ont dit : La souveraineté du prince se subordonne à la souveraineté du droit. DIGNA VOX EST MAJESTATE REGNANTIS LEGIBUS ALLIGATUM SE PRINCIPEM PROFITERI : ADEO DE AUCTORITATE JURIS NOSTRA PENDET AUCTORITAS [1].

---

[1] COD. TIT. IV. *De Legibus et Constitutionibus Principis*. « La royauté est toute autre chose que la volonté d'un

Si donc le souverain brise le contrat et

homme, quoiqu'elle se présente sous cette forme. Elle est la personnification de la souveraineté de droit, de cette volonté essentiellement raisonnable, éclairée, juste, impartiale, étrangère et supérieure à toutes les volontés individuelles, et qui, à ce titre, a droit de les gouverner. Tel est le sens de la royauté dans l'esprit des peuples, tel est le motif de leur adhésion. Est-il vrai qu'il y ait une souveraineté de droit, une volonté qui ait droit de gouverner les hommes? Il est certain qu'ils y croient; car ils cherchent, et ils ont constamment cherché, et ils ne peuvent pas ne pas chercher à se placer sous son empire. Concevez, je ne dis pas un peuple, mais la moindre réunion d'hommes, concevez-la soumise à un souverain qui ne le soit que de fait, à une force qui n'ait aucun droit que celui de la force, qui ne gouverne pas à titre de raison, de justice, de vérité; à l'instant la nature humaine se révolte contre une telle supposition; il faut qu'elle croie au droit. C'est le souverain de droit qu'elle cherche, c'est le seul auquel l'homme consente à obéir. Qu'est-ce que l'histoire, sinon la démonstration de ce fait universel? Que sont la plupart des luttes qui travaillent la vie des peuples, sinon un ardent effort vers le souverain de droit, afin de se placer sous son empire? Et non seulement les peuples, mais les philosophes croient fermement à son existence, et le cherchent incessamment. Que sont tous les systèmes de philosophie politique, sinon la recherche du souverain de droit? Que traitent-ils, sinon la question de savoir qui a droit de gouverner la société.... Comment les uns et les autres ne croiraient-ils pas au souverain de droit? Comment ne le chercheraient-ils pas constamment? Prenez les suppositions les plus simples; qu'il y ait un acte quel-

viole son serment, il perd son droit à la souveraineté, sans pour cela perdre l'inviolabilité. Les sujets cessant d'être sujets, ont donc,
dans ce second cas, le droit d'en appeler à
une révolution.

conque à exercer, soit sur la société dans son ensemble,
soit sur quelques-uns de ses membres, soit sur un seul, il y
a toujours évidemment une règle de cette action, une volonté légitime à suivre, à appliquer. Cette règle, cette volonté est le souverain de droit vers lequel les philosophes et
les peuples n'ont pas cessé et ne peuvent cesser d'aspirer.
—Or, la royauté est la personnification de la souveraineté
du droit; sous quelque point de vue en effet que vous la
considériez, en la comparant au souverain de droit, vous
trouverez que la ressemblance extérieure est grande, et qu'il
est naturel qu'elle ait frappé l'esprit des hommes. Aussi toutes les fois que leur réflexion ou leur imagination se sont
tournées de préférence vers la contemplation ou l'étude de
la nature du souverain de droit, de ses caractères essentiels,
ils ont incliné vers la royauté... L'application attentive de
l'esprit humain à contempler la nature et les qualités du
souverain de droit, quand d'autres causes n'en sont pas venues détruire l'effet, a toujours donné force et crédit à la
royauté, qui en offrait l'image... Sous quelque point de vue
que vous considériez l'institution, à quelque époque que
vous la preniez, vous reconnaîtrez donc que son caractère
essentiel, son principe moral, son véritable sens, son sens
intime, ce qui fait sa force, c'est d'être l'image, la personnification, l'interprète présumé de cette volonté unique, supérieure, essentiellement légitime, qui a seule droit de gouverner la société. — M. Guizot.

Mais si le souverain respecte les lois fondamentales dont il a juré l'observation, la révolte contre son autorité est odieuse et immorale. En effet, dans la monarchie représentative, tous les progrès nécessaires peuvent s'accomplir d'une manière régulière et pacifique. Le peuple, par ses représentants, peut forcer le gouvernement à réaliser les réformes utiles amenées par la force des choses. Le système de la représentation forme un immense réseau qui enveloppe tous ceux qui ont droit et intérêt à s'occuper des destinées de la société politique. Que cette représentation parle de sa voix unanime, et cette voix sera entendue. Dès lors pourquoi une révolution, puisque, sans son secours, on peut arriver à faire triompher le droit ?

Mais, dira-t-on, le gouvernement ne voudra pas entendre cette voix. C'est impossible. Le progrès est la loi des lois ; c'est la loi de Dieu, il faut qu'il s'accomplisse. Lumière éternelle, formé d'abord d'étincelles imperceptibles, peu à peu il jette une clarté de plus en plus vive, et bientôt, flamme inextinguible, il enveloppe toute la terre. D'un pas inégal mais toujours victorieux, il agit sur l'art, la science, le droit, les mœurs, tantôt avec calme et par le silence, tantôt avec bruit et par le canon des batailles.

Or, si quelque chose peut exciter l'homme à agir pour le bien commun, c'est assurément l'idée que ses efforts ne seront pas perdus, et qu'il concourt à une œuvre grande et utile. A Rome, on regardait comme le devoir d'un bon citoyen de ne pas désespérer de la fortune de la république, de même un bon citoyen du monde ne doit pas désespérer de la fortune du genre humain.

Au moyen-âge, la civilisation semblait avoir succombé d'une manière définitive; des ténèbres éternelles semblaient s'être répandues sur le monde, mais pendant ce temps, le progrès continuait sa marche rapide. Sous l'ombre de la religion chrétienne, naissait un arbre qui, devenu un jour magnifique, devait couvrir la terre de son feuillage majestueux. Un plan éternel exige que l'humanité avance et avance toujours; son avenir n'est point laissé au caprice et à la faiblesse de quelques individus; une sagesse visible veille sur elle, préside au développement de la civilisation; c'est la colonne de feu qui guidait dans le désert le peuple élu ; que les rois et les peuples soient attentifs à la suivre, et elle les conduira infailliblement à la terre promise de la liberté, de la vérité, de la justice.

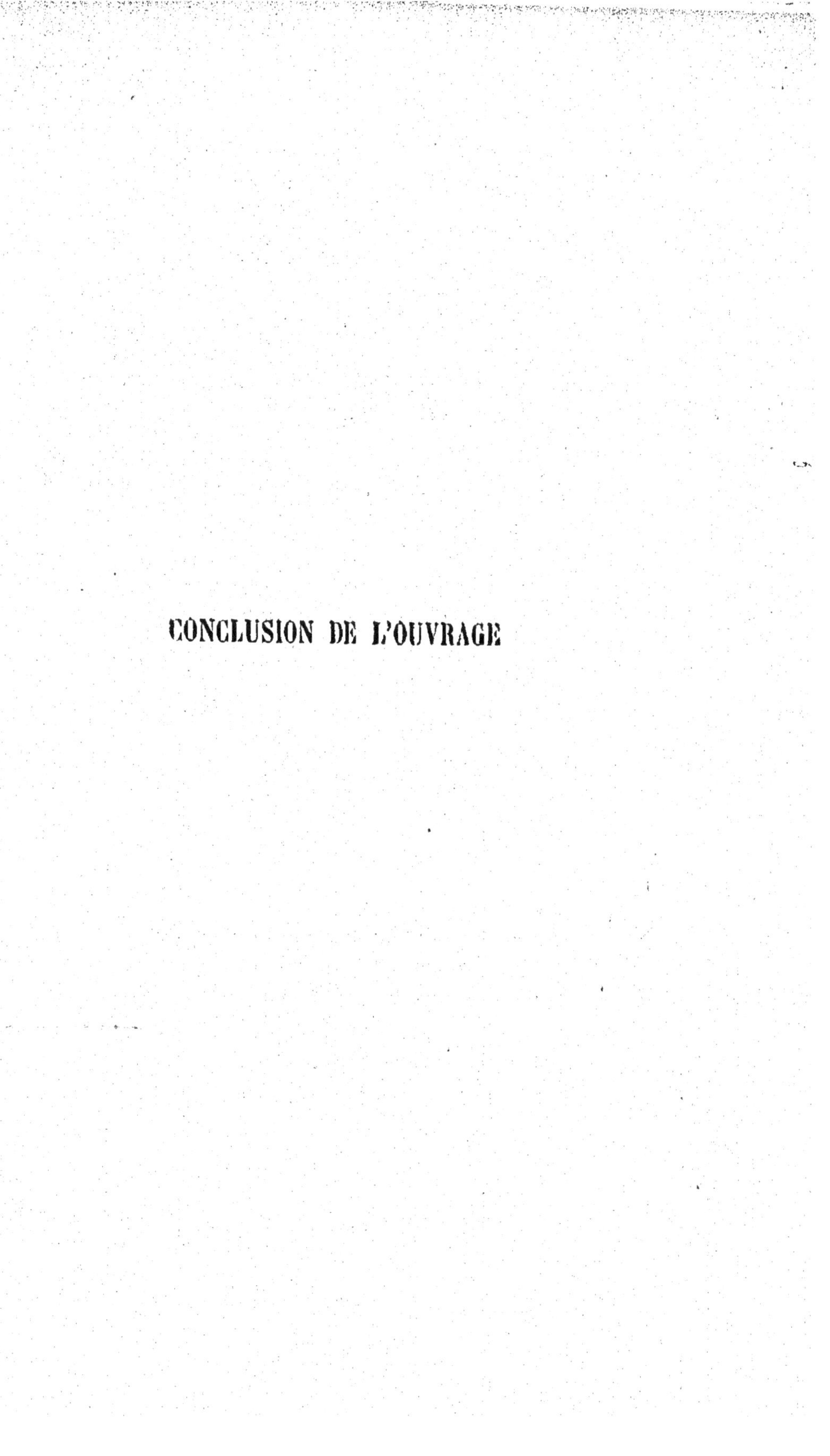

CONCLUSION DE L'OUVRAGE

D'un pas tremblant, mais appuyé sur la philosophie et l'histoire, nous sommes arrivé au terme de la carrière que nous nous étions proposé de parcourir.

Quel magnifique spectacle que celui que

nous présente cette humanité, fille de Dieu,
marchant à l'accomplissement de ses hautes
destinées ! Et quelle force mystérieuse la divise en territoires, en peuples, en États pour
remplir sa mission providentielle! Quelle force
mystérieuse porte chaque peuple à prendre
une des branches de la culture générale et à
en former un faisceau de lumières qui répand
ses vives et fécondes clartés sur le monde !

Le développement de l'esprit humain n'est
pas simplement l'affaire de l'histoire et de
l'arbitraire de l'homme, mais bien plutôt l'effet d'une loi d'évolution à laquelle l'homme
chercherait en vain à échapper. Toute science
a nécessairement dans l'humanité sa racine,
sa fleur, son fruit. Aussi nous voyons clairement qu'une direction particulière domina
dans chaque siècle, et imprima son caractère aux grands évènements qui marquèrent
la vie des peuples. Il importe donc beaucoup
de chercher dans l'histoire cette direction
de l'esprit d'un peuple, car étant donné cet
élément, cette quantité connue, aussitôt
tous les autres éléments sont trouvés et illu-
minent l'ensemble, jusqu'à ce que la loi
d'évolution saisisse un autre facteur pour lui

servir de nouveau de guide dans sa recherche.

Mais, étrange et admirable mobilité de l'esprit humain! dès qu'une science s'élève et devient fruit, et au moment où la main s'avance
pour le cueillir, une tempête arrive et détruit
tout. Pourquoi cela? Parce que ce n'était pas
encore un fruit sain par rapport à l'ensemble, et qu'il devait se flétrir et disparaître
pour qu'un autre vînt à sa place.

Interrogeons l'histoire, et partout elle
nous offre ce tableau sans cesse mouvant,
et pourtant l'humanité avance toujours, ne
rétrograde jamais. A Athènes fleurit un jour
l'art si magnifique et si beau, que nous res-
tons encore muets d'étonnement et d'admiration devant ses chefs-d'œuvre et désespé-
rons de les atteindre. Vint la barbarie qui
détruisit tout et étouffa le sentiment de l'art.
A Rome fleurit un jour le droit si magnifique
et si beau, que la jurisprudence romaine nous
sert encore de modèle. Les barbares le dé-
truisirent encore. Ainsi chaque siècle remplit la mission qu'il tient de Dieu, et par-
court un cycle dans lequel toutes les facul-

tés humaines sont de nouveau mises en jeu et en harmonie. L'art grec succombe, la science romaine s'abîme, mais à leur place, une religion familière avec tout ce qu'il y a de grand, de vrai et de beau, apparaît et travaille à se soumettre autant que possible les forces inférieures de l'esprit. Elle réveille de nouveau la faculté esthétique et juridique, retrouve ses modèles perdus, et les reforme, non isolément, comme auparavant, mais leur imprime un caractère de généralité et se les approprie dans une merveilleuse alliance. Ni l'art, aussi excellent qu'il soit, ni le droit, aussi vrai qu'il puisse être, n'existeront plus désormais seuls, ne se feront plus un but propre ; mais ils serviront l'un et l'autre à la morale et à la religion, unis dans une indissoluble alliance.

Au milieu de ce mouvement irrésistible de l'humanité, nous avons cherché la tendance générale qui dominait son développement politique, et un fait éclatant de vérité nous est apparu. L'histoire nous a montré tous les peuples gravitant vers la monarchie, qui semble la forme de gouvernement la plus conforme à l'équité naturelle, la plus pro-

pre à la satisfaction des principes essentiels
de la nature humaine : la liberté, l'égalité,
la sûreté [1].

[1] C'est une loi naturelle et royale, dit Vico, généralement
sentie par toutes les nations, qui les porte à se soustraire aux
soupçons du despotisme, aux agitations de la démocratie,
pour chercher le repos dans la monarchie. Les gouvernements commencent, en effet, par l'unité dans les monarchies
de la famille ; le plus grand nombre, l'universalité même,
s'en empare dans les républiques populaires ; ils reviennent
enfin à l'unité dans les monarchies civiles. Il est impossible
de trouver dans la nature des nombres, un ordre plus con-
venable que celui-ci : l'unité, le grand nombre, l'universalité. — L'intérêt de la civilisation sert de base à cette loi
royale et naturelle ; car s'il est vrai que dans les républiques
démocratiques, il arrive un temps où chacun considère son
propre intérêt, et fait servir en sa faveur tous les moyens
dont il dispose, sans se soucier de la ruine de sa nation, il
faut, pour le salut des nations mêmes, qu'un homme surgisse,
comme Auguste parmi les Romains, et qu'employant la
force armée, il prenne pour sa part le soin des choses de
l'État, et qu'il laisse aux particuliers le soin de leurs propres affaires. Il faut que ces particuliers ne se mêlent des intérêts publics qu'autant qu'ils en obtiennent la permission
du souverain. Les peuples échapperont ainsi à leur ruine. —
Et comme à mesure qu'une nation se développe, il faut l'admettre à une part dans l'administration de l'État, « la Providence, continue Vico, fit du cens la règle des honneurs,
de façon que ce furent les travailleurs plutôt que les fainéants,
les hommes économes plutôt que les prodigues, les pré-
voyants plutôt que les étourdis, les cœurs généreux plutôt

Mais la monarchie, comme toutes les choses de ce monde, subit la loi du progrès. Elle
est d'abord barbare et élective, limitée à un
certain temps ; petit à petit, son caractère se
modifie, le chef est élu dans certaines familles plus accréditées, plus considérables,
plus riches que les autres, ce qui constitue
un commencement d'hérédité. Bientôt, elle
se fait la personnification réelle de l'État,
l'héritière de la souveraineté, de la majesté
du peuple ; les empereurs sont les représentants de la chose publique qui se résume en
eux.

Mais voici la personnalité du monarque
qui se développe ; la royauté s'agrandit en
s'alliant avec le peuple et devient protectrice
de l'ordre public, de la justice générale, de
l'intérêt commun ; puis les garanties arrivent naturellement ; ces garanties se déve-
loppent aussi avec l'esprit du temps, et de
conquêtes en conquêtes, la royauté moderne
sort du sein des choses, et combinant entre

que les cœurs étroits, enfin les riches doués de quelque vertu,
plutôt que les pauvres dont les vices sont évidents, qui furent considérés comme propres au gouvernement. »

elles les diverses forces de la société, obtient l'adhésion et l'admiration des peuples.

Et en présence des bienfaits sans nombre que la civilisation doit à la royauté, nous n'avons pas hésité à conclure que les monarchies tempérées par l'existence de lois fondamentales, limitatives des différentes forces existant dans l'État, étaient saintes et inviolables, et que les révolutions qui tendraient à leur renversement seraient immorales et illégitimes.

Telles sont les deux vérités capitales que nous nous sommes efforcé de mettre en lumière.

Puissions-nous avoir inspiré à des intelligences plus hautes que la nôtre, le désir de consacrer leurs forces à remplir plus dignement cette noble tâche! On attend, ce nous semble, depuis longtemps, un livre où soit développé le véritable but de l'humanité, de manière que chacun ne se propose pas pour fin dans ce monde son bonheur individuel, mais la culture de ces vertus morales et saintes qui amènent la félicité générale; non

pas que nous voulions dire par là qu'il
faille que l'homme ne s'occupe pas de sa
propre satisfaction, mais seulement que s'il
place son bonheur particulier au-dessus de
celui de l'État, il ne s'élèvera jamais à ces
sublimes passions qui font les grands citoyens, en remplissant leurs âmes d'enthousiasme.

Pour arriver à ce but, il importe surtout
de veiller à la culture de la jeunesse, et de
l'empêcher de se laisser égarer par les illu-
sions de l'imagination, en s'élançant vers
un idéal politique irréalisable et incompatible avec la faiblesse humaine. Sans doute,
l'idéal en toutes choses ne peut que grandir
l'âme en la portant au-delà des horizons terrestres, mais l'homme doit rester maître de
cet idéal, et posséder assez de force de jugement pour comprendre dans quel degré
cet idéal peut être réalisé dans le monde, et
quel usage, en général, on en peut faire
pour le plus grand profit de l'humanité et
de la société.

Il importe de s'inquiéter du plus proche,
du plus essentiel but de l'État, et de se met-

tre en garde contre les trompeuses idées à
cet égard. Et comme nous tenons pour sai-
nes et vraies les idées que nous avons exposées, nous pensons que l'éducation politique des futurs citoyens doit rouler sur elles.
Qu'on leur apprenne le but de l'État, et alors
ils comprendront la sainteté de la constitution qui s'y rapporte, ils l'entoureront de leur
amour et de leur estime, et ils préserveront
ainsi leur pays des dangers et des horreurs
de l'anarchie.

Qu'on pénètre l'esprit de la jeunesse de
l'importance des devoirs qu'elle a à remplir
envers l'État, et qu'on fasse dominer en elle
la pensée que du présent dépend l'avenir de
l'humanité, et que ce serait un crime de
haute trahison envers l'humanité que de ne
pas transmettre à la génération suivante la
sainte image de l'État, comme un joyau pur
et sans tache.

Enfin, que l'on fortifie en elle cette pensée de la nécessité de la soumission à la volonté du souverain, même au prix des mur-
mures d'une conviction meilleure ; et quand
sa bouillante ardeur se refroidira ; quand, en

elle l'imagination cessera de jeter sa flamme,
qu'elle apprenne à condenser ses forces dans
les graves pensées, et que le plus noble or-
nement de l'homme, le caractère, se forme
et qu'il conserve sa fermeté, même alors
que le corps sera affaibli par l'âge et que les
genoux chancelleront. Et puisque, hélas! à notre époque, tant de choses ont perdu leur
éclat, ainsi que le caractère sacré et l'idée de
grandeur qui les rendaient si vénérables à
nos pères, que du moins le sentiment de la
patrie survive au désastre de l'indifférence
générale; qu'il trouve dans la monarchie un
port inviolable et sûr, où il puisse s'abriter
contre la tempête et se préserver du naufrage !

L'homme porte en soi le germe d'un homme
idéal; mais cet idéal ne peut approcher du
degré possible de réalisation, que par l'État.
Car, d'après la raison, la vie dans l'État forme
seule une situation juridique, et la position
de l'homme vivant hors de l'État est dépour-
vue de droit. Et l'État, à cause de sa durée
et de la multiplication de la race humaine
sur la terre, forme une société éternelle; et
aussi longtemps que la race humaine vivra,

une situation juridique ne sera concevable que dans l'État et par l'État. C'est donc à l'État qu'appartient la tâche de rapprocher l'homme individuel de l'homme idéal, et l'éducation nationale intervient pour opérer cette conciliation et empêcher que l'on ne sacrifie la tranquillité publique à un zèle excessif pour le bonheur de la postérité.

Faire régner le droit sur la terre, tel est le but de l'État[1]. Et pour cela, il lui fallait éta-

[1] Dans la vie des individus, sujets ou souverains, comme dans la vie des peuples, tout se rapporte au DROIT et à la LOI. Un gouvernement doit donc, selon nous, s'attacher principalement à répandre la science du droit et de la législation comme étant celle qui est le plus immédiatement liée aux progrès de la société civile et politique. Et nul doute que tout le monde n'applaudisse aux nobles efforts que fait M. de Salvandy pour donner aux études du droit une impulsion large et active. M. de Salvandy a compris qu'un ministre de l'instruction publique, en France, devait être à la tête du mouvement scientifique et littéraire de son époque, et diriger la pensée générale. Aussi, dès qu'il paraît un homme distingué dans les lettres et dans les sciences, M. de Salvandy s'en empare et en fait la conquête au profit du gouvernement de son pays. Il est vrai qu'une si généreuse entreprise ne pouvait être tentée que par un homme qui, comme lui, eût le droit de se dire le représentant des idées intellectuelles de son temps, qui en fût la vivante image, et attirât à lui la coh-

blir sa puissance d'une manière inébranlable.
L'active et efficace coopération de tous à ce
but est la base de l'ordre social. De là le consentement tacite à la création d'une autorité
ayant le droit et le moyen de contraindre,
pour se faire respecter et redouter tout à
la fois. Car le désordre moral, la méchan-
ceté de l'homme sont, en grande partie, la
base de l'ordre politique.

Que l'État soit donc saint aux yeux de
tous. Comme l'échelle mystérieuse du pa-
triarche, il a ses pieds sur la terre et sa tête
dans le ciel ; il est le point de ralliement de
l'humanité. Sans doute, comme nous l'avons
dit, il n'a pas pour but immédiat le bien d'un
membre isolé, mais il est dans la nature de
sa riche et féconde organisation, qu'il ne

fiance, l'amour, l'enthousiasme. Nous avons souvent entendu un de nos excellents amis, M. Laferrière, inspecteur-
général de l'Université, témoigner de l'éclat que la parole
de M. de Salvandy, toute pleine d'aperçus ingénieux, d'i-
dées philosophiques, de vues élevées, avait répandu sur les
discussions de la commission *des hautes études de droit;* magistrats éminents, savants professeurs, profonds juriscon-
sultes, en le voyant traiter et éclaircir avec un talent supérieur et une érudition encyclopédique, les questions les
plus difficiles de la science, étaient ravis d'admiration.

peut faire le bien d'un seul qu'en faisant en
même temps le bien de tous.

Que les monarques qui sont la personnification la plus vraie de l'État soient sacrés et
inviolables ; qu'ils vivent dans une région
inaccessible aux orages, respectés des peuples, protégés par la constitution, abrités
derrière des ministres responsables ; que
l'hérédité, assurant la couronne à leur race,
préserve la nation des malheurs que pour-
raient lui susciter l'ambition des prétendants
et l'interruption de l'autorité souveraine.

Que dans le sein des monarchies les réformes s'accomplissent aussi ; car il faut bien
se garder de croire que la suprême sagesse
en politique consiste dans un zèle aveugle
contre toute espèce de réforme. Quel homme
d'État un peu éminent n'est revenu aujour-
d'hui de cette erreur profonde! Quel homme
d'État ne sait qu'il faut adapter d'une manière graduelle et prudente les institutions
existantes au cours essentiellement variable
des opinions, des mœurs, des idées, en un
mot, à l'esprit du temps. Sans doute, on doit
craindre le danger des innovations brusques

et inconsidérées, et condamner avec sévérité
les hommes qui les provoquent ; mais il est
possible de faire marcher d'accord les nécessités du gouvernement, les justes exigences de ce besoin de stabilité que sentent si
vivement les peuples, avec les satisfactions
que réclame l'opinion publique.

Il est vrai que l'application de ce principe
offre de grandes difficultés, et que pour les
vaincre, il faut une réunion de talents bien rares ; mais la forme monarchique, par la force
qui lui est inhérente, peut mieux que tout autre gouvernement, écarter les obstacles qui
s'opposent à l'établissement de l'ordre de
choses où tend naturellement la société, en
protégeant les droits des individus, et en
leur accordant toute la liberté compatible
avec les droits des autres. Cette conviction
est passée de notre temps dans l'esprit de
tous les hommes qui réfléchissent sur le mécanisme des gouvernements, et qui se li-
vrent aux mâles et libérales recherches de
la philosophie politique.

Tous les siècles se lèvent pour apporter à
ces vérités leur imposant témoignage, et si

l'on peut le dire, la Providence elle-même les avoue puisqu'elle s'en sert pour l'accomplissement des destinées qu'elle a voulues pour le salut du monde. Tous ceux qui croient à l'amélioration de la race humaine considèrent comme un devoir d'apporter une pierre pour élever ce grand édifice ; et à les voir à l'œuvre, il semble qu'il se sont dit que s'il fallait succomber, ils succomberaient avec l'humanité tout entière ; que c'était là le dernier combat, et qu'après leur défaite, il n'y avait plus d'espoir d'une nouvelle régénération pour le genre humain.

Non, nous ne devons pas redouter de la part des monarques constitutionnels des attaques contre la liberté. La liberté est un principe dont les monarques ont besoin ; ils savent que ce principe fait leur force. Nous avons fait justice de ce préjugé qui consistait à les présenter comme les ennemis de la liberté ; il s'est évanoui devant nous comme une ombre vaine. Ainsi existe-t-il un grand nombre de préjugés qui règnent dans certaines périodes de la vie des peuples et dans l'esprit de quelques hommes incapables de comprendre le but et les avantages des gouvernements. A mesure que les sociétés avancent, ces préjugés perdent de leur influence sur les classes éclairées, et ils disparaîtraient bientôt complètement, si l'on ne trouvait commode de les perpétuer comme un moyen d'agir sur la multitude. Le préjugé que les monarques sont les ennemis de la liberté, est de ce nombre. Mais à une époque de discussion libre et universelle comme la nôtre, à une époque de lumières, il n'est pas possible qu'il conserve longtemps son empire.

Savants, philosophes, publicistes, poètes, orateurs, écrivains, ralliez-vous donc à cette forme monarchique qui a pour base l'hérédité, et qui a contribué si puissamment, dans l'ère moderne, au développement des destinées de l'humanité; affermissez-la, fortifiez-la, conseillez-la. Laissez le monde de l'imagination pour pénétrer dans le monde des réalités; entre l'idée et le fait, il y a un abîme, mais c'est à vous à le combler; c'est à vous à mettre en harmonie ces deux puissances dans le corps politique, comme le sont la tête et le bras dans le corps humain.

Vous allez trop avant dans les domaines de la pensée sans vous inquiéter de la réalité ; vous vous créez un monde à part, et vous laissez le monde vrai gisant à vos côtés. L'aspect de la vie réelle vous repousse et vous éloigne, et vous craindriez, en y marchant, de tomber dans une ornière hideuse. Faites un usage plus vrai de votre intelligence ; loin de séparer le fait de l'idée, efforcez-vous d'unir ces deux mondes qui ne sont que les faces diverses du même tout ; songez que ce n'est que par ce moyen que vous pourrez faire participer l'humanité au fruit de vos veilles savantes.

Et puis, que le sentiment de la nationalité unisse toutes les âmes. Les pères de la patrie se penchant du haut des cieux, joignent leurs voix suppliantes à notre voix pour nous en conjurer. Ils ont rougi de leur noble sang nos vallons, nos montagnes, nos fleuves pour sauver leur indépendance menacée ; ils nous crient de transmettre à la postérité une mémoire vénérée comme la leur, de nous montrer les dignes héritiers de leur gloire.

Et si l'on voyait un jour, étrange spectacle! les pays où règne la liberté s'allier contre nous aux pays où règne le despotisme; si une haute sagesse sur laquelle sont fixés tous les regards, ne pouvait, par son seul ascendant tant de fois éprouvé, détourner l'orage, ils nous disent de nous trouver prêts à combattre cette alliance insensée, prêts à aiguiser sur la pierre nos armes chéries, prêts à les faire reluire au soleil des batailles. N'est-ce pas à nous qu'est échue la noble tâche de fonder l'empire de la raison sur les ruines de la sauvage puissance du corps? N'est-ce pas à nous qu'il a été donné, dans tous les temps, d'être les messagers de la civilisation et de faire prévaloir sur la force brutale la sainte puissance du droit? La France n'est-elle pas, de l'aveu même de ses ennemis : « LE VRAI SOLDAT DE DIEU? »

FIN

TABLE DES MATIÈRES

FIN DE LA TABLE